Liebe Leserinnen und Leser,

auch in dieser SOMMERGRAS-Ausgabe hat sich die Redaktion wieder um spannende Vielfalt bemüht. In unserer Rubrik KreAktiv ließen sich 37 Autoren und Autorinnen von einem stimmungsvollen Herbstbild zum Haiku-Dichten inspirieren. In der experimentierfreudigen Rubrik HaiQ reflektiert Renate Straetling die Verwendung von Neologismen aus der digitalen Welt im Haiku. Der Förderung des Haiku und seiner verwandten Formen tragen selbstverständlich alle Sparten unserer Zeitschrift Rechnung: die Haiku-und Tanka-Auswahl unserer jeweils wechselnden dreiköpfigen Jury, die Mitgliederseite mit der Möglichkeit, ein Haiku für die Publikation frei zu bestimmen, sowie die Auswahl der Redaktion von Haiga, Haibun und anderen Dichtungen. Unser Kaleidoskop schillert dieses Mal besonders bunt dank der Porträts zweier sehr interessanter Dichterinnen: Conrad Miesen erinnert an die Schweizerin Leonie Patt, und Claudia Brefeld stellt die Japanerin Emiko Miyashita vor.

Zum Schluss gestatten Sie mir noch, das Wort an die DHG-Mitglieder unter unseren Lesern zu richten. Mit Freude kann ich Ihnen mitteilen, dass der neue Termin der Mitgliederversammlung in Berlin, die im letzten Jahr leider wegen Corona ausfallen musste, für das kommende Jahr nun feststeht. Bitte merken Sie sich jetzt schon das Wochenende von Freitag, den 13. bis Sonntag, den 15. Mai 2022 vor.

Die SOMMERGRAS-Redaktion wünscht Ihnen schöne Weihnachtsfeiertage im Kreis Ihrer Lieben und einen guten Start in das neue Jahr!

Ihre Eleonore Nickolay

Inhalt

Editorial 3

KreAktiv 6
Aufruf 8

Haiku-Kaleidoskop
Klaus-Dieter Wirth: Grundbausteine des Haiku (XLV) 9
Eleonore Nickolay: Französische Ecke 22
Moritz Wulf Lange: Die Anfänge des deutschsprachigen Haiku
Teil 4 – Die ersten deutschsprachigen Haiku (2) 25
Haiga: Angelika Holweger 32
Conrad Miesen: Zum 15. Todestag von Leonie Patt.
Porträt und Würdigung 1. Teil 33
Stefan Wolfschütz: Das Haiku im 21. Jahrhundert, ein Mini-Essay ... 38
Claudia Brefeld: Emiko Miyashita 39
Haiga: Claudia Brefeld und Paul Bernhard 44

HaiQ 45
Haiga: Claudia Brefeld und Paul Bernhard 50

Auswahlen
Haiku- und Tanka-Auswahl 51
Mitgliederseite 61
Haiga: Claudia Brefeld und Bernadette Duncan 63
Haibun 64
Haiga: Gabriele Hartmann 68
Tanbun 69
Tan-Renga 71
Rengay 76

Rezensionen/Besprechungen

Klaus-Dieter Wirth: „Augenblicke, die nicht verblassen" von
Wolfgang Gründer 78

Moritz W. Lange: „Die Bewahrung des Haiku als Kunstform im
zwanzigsten Jahrhundert durch T. Kyoshi" von Finn Harder 80

Sylvia Bacher: „Beobachtungen von Gegenüber"
von Traude Veran 81

Thomas Opfermann: „Japan-Glossar 2.0" von Klaus-Dieter Böhm .. 83

Thomas Opfermann: „Noch schläft der Igel unterm Reisighaufen"
von Gisela K. Wolf 84

Gabriele Hartmann: „stille sturm und rote düfte – Haiku 2020"
von Ralph Günther Mohnnau 85

Haiga: Gabriele Hartmann 90

Gabriele Hartmann: „Bashōs kleiner Freund" von Traude Veran 91

Rüdiger Jung: „Winterlinge – Gedankenflocken" von
Georges Hartmann 93

Horst-Oliver Buchholz: Werkstattgespräch mit Ralph Günther
Mohnnau 96

Haiga: Christof Blumentrath 101

Berichte

Volker Friebel: Preis der Netzpräsenz Haiku heute 102

Eleonore Nickolay: Online-Event „Haiku als Brücke zwischen euro-
päischen Sprachen und Japanisch" 105

Mitteilungen 109

Impressum 112

KreAktiv

In SOMMERGRAS 134 riefen wir auf, ein Haiku zu schreiben, um in Verbindung mit dem stimmungsvollen Herbstbild von Horst-Oliver Buchholz ein Haiga zu gestalten. Das bedeutete, dass wir Haiku erwarteten, die keine reine Beschreibung dieser herbstlichen Szenerie geben. Die Fragen von Horst-Oliver Buchholz in unserem Aufruf deuteten es an: „Manches lässt sich erblicken in diesem Bild, nicht wahr? Was sehen Sie, welche Gedanken und Assoziationen setzt das Bild frei? In diesem Sinne sprach die Juroren unter den insgesamt 37 Einsendungen das Haiku von Christa Beau ganz besonders an:

Abschied
auf unser Sommerlachen
legt sich Laub

Gestaltet von Eleonore Nickolay

Und hier noch weitere Haiku, die die Juroren für gelungen befunden haben:

verwilderter Garten
auf leeren Stühlen ruht
das Licht
    Stefanie Bucifal

Herbstwind
im Postkorb heute
nur bunte Blätter
    Hildegard Dohrendorf

Deutsche Haiku-Gesellschaft e. V.

Die Deutsche Haiku-Gesellschaft e. V.[1] unterstützt die Förderung und Verbreitung deutschsprachiger Lyrik in traditionellen japanischen Gattungen (Haiku, Tanka, Haibun, Haiga und Kettendichtungen) sowie die Vermittlung japanischer Kultur. Sie organisiert den Kontakt der deutschsprachigen Haiku-Dichter untereinander und pflegt Beziehungen zu entsprechenden Gesellschaften in anderen Ländern. Der Vorstand unterstützt mehrere Arbeits- und Freundeskreise in Deutschland sowie Österreich, die wiederum Mitglieder verschiedener Regionen betreuen und weiterbilden.

[1]Mitglied der Federation of International Poetry Associations (assoziiertes Mitglied der UNESCO), der Haiku International Association, Tokio, Ehrenmitglied der Haiku Society of America, New York.

Anschrift	Deutsche Haiku-Gesellschaft e.V., z. Hd. Stefan Wolfschütz, Postfach 202548, 20218 Hamburg
Vorstand	
Info/DHG-Kontakt und Redaktion	Horst-Oliver Buchholz, horst-oliver.buchholz@dhg-vorstand.de
Redaktion	Eleonore Nickolay, eleonore.nickolay@dhg-vorstand.de
Kassenwartin	Petra Klingl, petra.klingl@dhg-vorstand.de
Website	Stefan Wolfschütz, stefan.wolfschuetz@dhg-vorstand.de
	Claudia Brefeld, post@claudiabrefeld.de
Internationale Kontakte	Klaus-Dieter Wirth, kd.wirth@dhg-vorstand.de
	Peter Rudolf, peter.rudolf@dhg-vorstand.de
	Tony Böhle, tony.boehle@dhg-vorstand.de
Bankverbindung:	Landessparkasse zu Oldenburg, BLZ 280 501 00, Kto.-Nr. 070 450 085 (BIC: SLZODE22XXX, IBAN: DE97 2805 0100 0070 4500 85)

Bibliografische Information der Deutschen Nationalbibliothek:
Die Deutsche Nationalbibliothek verzeichnet diese Publikation
in der Deutschen Nationalbibliografie;
detaillierte bibliografische Daten sind im Internet über dnb.dnb.de abrufbar.

©2021 Deutsche Haiku-Gesellschaft
Herstellung und Verlag:
BoD – Books on Demand, Norderstedt
ISBN 978-3-754331-94-1

unsere gespräche –
als würden sie noch rascheln
im laub …

Ruth Guggenmos-Walter

Farbberatung
im neuen Make-up schimmern
noch Sommertöne

Ruth Karoline Mieger

täglich das flüstern
im wind
ihr ausgedünntes haar

Helga Stania

Teestunde
wir wärmen unser Gespräch
noch einmal auf

Gabriele Hartmann

Septemberstille –
dort sitzen bis der Schatten
unsre Bank erreicht

Angelica Seithe

Alle weiteren eingesendeten Haiku sind wie immer auf „Hallo Haiku", dem Online-Portal der Deutschen Haiku-Gesellschaft, nachzulesen: https://haiku.de/sommergras-135/

Aufruf:

Dichten Sie ein Haiku zum Thema „Licht in dunklen Tagen"

Die Winterzeit nennt man bisweilen ja auch die dunkle Jahreszeit. Wenn die Tage kürzer, die Nächte länger werden, kann der Mangel an Licht den Menschen gar betrübt bis depressiv stimmen. So ist es kein Zufall, dass eine gute Stimmung und ein sonniges Wetter mit dem gleichen Adjektiv umschrieben werden, nämlich „heiter". Unter den Tipps auf einer Web- seite, was man an Schönem auch in dieser Jahreszeit unternehmen kann, war das Sterneschauen aufgeführt! Spüren Sie in einem Haiku das Licht und die Lichter der dunklen Tage auf. Ist es der Aufgang der Venus oder die Sichel des Mondes? Ist es ein Scheinwerfer oder eine Leuchtreklame? Sind es die Kerzen daheim oder die Lichterketten draußen auf den Plätzen und in den Straßen? Und bedenken Sie: Auch Augen können strahlen, be- sonders in der Weihnachtszeit.

Bitte schicken Sie **ein** Haiku an:

redaktion@sommergras.de
Stichwort: Haiku KreAktiv
Einsendeschluss: 15. Januar 2022

Klaus-Dieter Wirth

Grundbausteine des Haiku (XLV)
dargestellt an ausgewählten Beispielen

Metapher

Die Metapher[1] ist ein schon altes, sehr komplexes sprachliches Gestaltungsmittel, erst recht bei interkultureller Betrachtung! Um nicht zu vorschnellen, ungerechtfertigten Vorstellungen zu gelangen, ist es in diesem Fall besonders wichtig, sich gründlich mit der Materie auseinanderzusetzen. Ein Urteil wie „Auch für Metaphern oder neue Wortschöpfungen bietet die Form keinen Platz."[2] wird jedenfalls der Sachlage keineswegs gerecht, übrigens keine Einzelmeinung, sondern eine Mahnung, die etwa in den USA immer noch beharrlich vorgetragen wird. Der englische Haiku-Autor Mark Rutter fasste diese fehlgeleitete Ansicht so zusammen:

> „Es ist ein Allgemeinplatz unter Haiku-Dichtern und -Lesern, dass die Metapher eine ausgesprochen abstrakte, poetische Technik darstellt, dass sie die Aufmerksamkeit von dem Gegenstand der Betrachtung ablenkt auf die psychische Verfassung des Dichters und damit die Wahrnehmungsweisen des Dichters auf den Leser überträgt."[3]

Am Ende seiner Ausführungen rückt er diese Meinung, wie folgt, in seinem Sinne zurecht:

> „Metaphorische Sprache bezieht sich ganz und gar auf die Beziehungen

---

[1] Aus griechisch *metaphérein* = übertragen
[2] Jenny von Sperber in einer Rundfunksendung von Bayern 2 am 1.10.2012 zum Thema „Das Haiku – Weniger ist mehr/Einsatz im Unterricht" https://www.br.de/radio/bayern2/sendungen/radiowissen/Literatur vom 20.01.2020
[3] Rutter, Mark: On Metaphor in: Blithe Spirit, Vol. 19, No 1, 2009, p. 31

zwischen den Dingen. Die letztliche Folgerung bei der Metapher ist darin zu sehen, dass alles mit allem eins ist – eine Einsicht, die meines Erachtens jeden Haiku-Dichter ansprechen sollte."[4]

Auch an anderer Stelle heißt es: „Alle Arten von Gleichnis oder Metapher wurden von den Alten 'die innere Seele der Sprache' genannt." Und noch ein weitsichtiges Zitat: „Die Metapher ist ein instinktiver und notwendiger Akt des Geistes bei der Erforschung der Wirklichkeit und Ordnung der Erfahrung."[5] Kyuro Oda, der japanische Herausgeber des Werks von Tomas Tranströmer[6], trug folgende Äußerung zur Aufwertung der Metapher bei: „Viele von der alten Schule weisen die Metapher im Haiku zurück, doch auch sie ist eine Bildform, und zwar eine, die das Ausgangsbild durch Extraenergie verstärkt." Und dennoch, selbst Jane Reichhold[7], die verdienstvolle amerikanische Haiku-Autorin, Herausgeberin und Übersetzerin von Bashōs Gesamtwerk, konnte kaum etwas an der vorurteiligen Einstellung ihrer Landsleute in Bezug auf die Metapher ändern.

Wie also steht es nun um die unvoreingenommene Beschreibung einer Metapher? Generell bezeichnet sie ein spezielles sprachliches Bild, „dessen Bedeutungsübertragung auf Bedeutungsvergleich beruht: das eigentlich gemeinte Wort wird durch ein anderes ersetzt, das eine sachliche oder gedankliche Ähnlichkeit oder dieselbe Bildstruktur aufweist (z. B. ‚Quelle' für ‚Ursache')."[8]

Zunächst bleibt festzuhalten, dass keine Sprache so präzise und umfangreich ist, dass sie für alle vorliegenden Erscheinungsformen auch eine eigene Bezeichnung kennt. So bildet sich im Laufe der Zeit vielmehr zwangsläufig im Sinne einer Ökonomie des Wortschatzes ein Fundus, der

---

[4]Rutter 2009, p. 32

[5]Murry, John Middleton, in: Metaphor, Shakespeare Criticism 1919-35, ed. Anne Ridler, London: O.U.P., The World's Classics, 1956, p. 227

[6]Übersetzung von Burton Watson

[7]Reichhold, Jane: The Famous Metaphor Myth in: Round the Pond – An Anthology 1994, p. 226–229

[8]Meyers großes Taschenlexikon in 24 Bänden, Mannheim/Wien/Zürich (Bibliographisches Institut) 1983

auch die Aufnahmefähigkeit seiner Sprecher nicht überfordert. Bekanntes wird zu neuen Vorstellungen zusammengeführt. Schon allein dadurch entstehen quasi notwendige Metaphern, wie ‚Brückenkopf‘ oder ‚Schneckentempo‘. Werden neue Dinge entdeckt oder erfunden – dies lässt sich insbesondere bei der technisch-wissenschaftlichen Entwicklung gut verfolgen – kommt es in der Regel rasch zu metaphorischen Neologismen, deren Komponenten der gängigen Alltagssprache entnommen wurden, wie es etwa bei den Beispielen ‚Glühbirne‘ oder ‚Atomkern‘ gut nachzuvollziehen ist. Oft wird das gleiche Verfahren auch angewendet, um sperrig erscheinende Begriffe eingängiger zu machen. Als Beispiel möge hier die botanisch korrekte Blumenbezeichnung ‚Wisteria‘ bzw. ‚Wisterie‘ dienen, allgemein wohl schon eher als ‚Glyzin(i)e‘ bekannt; doch viel anschaulicher kommt zweifelsohne der geläufigere Name ‚Blauregen‘ daher.

Hieraus ist bereits zu schließen, dass die Metapher im Allgemeinen nicht nur im Hinblick auf Wortneuschöpfungen – notwendige wie auch willkürliche – unentbehrlich ist, sondern auch im Hinblick auf Klarstellungen durch Konkretisierung, wobei gerade der Rückgriff auf konkrete Phänomene der ureigensten Ausrichtung des Haiku entspricht! Diese Art von Metaphern tritt wegen ihrer weitgehend unauffälligen Verwendung in der Alltagssprache sozusagen unbewusst auf. Man ziehe etwa noch folgende Beispiele zur Verdeutlichung heran: ‚die Rabeneltern, Warteschlange, Mauer des Schweigens, Nadel im Heuhaufen, rosarote Brille, den Nagel auf den Kopf treffen, der Schnee von gestern.‘[9] Ganz anders sieht es bei den uns vornehmlich im dichterischen Bereich begegnenden Metaphern aus:

> „Die bewußten (akzidentiellen) Metaphern werden ihrer poetisch stilistischen Wirkung wegen gesetzt, durch Analogie und Assoziation erschließen sie insbesondere der dichterischen Sprache eine zusätzliche expressive Tiefendimension und erweitern ihren Bedeutungsraum.“[10]

---

[9]https://wortwuchs.net/metapher-beispiele/ vom 20.01.2020
[10]Ebd.

Poetische Metaphern greifen demzufolge nicht auf allgemein geläufige Analogien zurück, sondern überraschen durch neue, frische, unerwartete Bildkombinationen. Für den Einsatz im Haiku kommt unter poetischem Gesichtspunkt logischerweise vor allem diese Art von Metaphern in Frage.

Ausgangspunkt in diesem Zusammenhang ist der verkürzte Vergleich[11], ein einfaches Verfahren, bei dem nur die Vergleichspartikel ‚wie' weggelassen werden muss. So wird aus dem bloßen Vergleich ‚Hektor kämpfte wie ein Löwe' die eindrucksvollere Metapher ‚Hektor war ein Löwe im Kampf'. Dabei werden nun letztlich die beiden verschiedenen Bedeutungssphären nur noch durch ein sogenanntes *tertium comparationis*[12] zusammengehalten, ihre in einem Punkt verbliebene Ähnlichkeit. In diesem Beispiel also die besondere Stärke des Königs der Tiere und die des trojanischen Helden der Ilias. Die Auflösbarkeit dieser rhetorischen Verschlüsselung wird umso problematischer, je weiter sich der Dichter von einer rückholbaren zu einer absoluten Metapher bewegt. Ein häufig zitiertes Beispiel hierzu ist die ‚schwarze Milch der Frühe' aus Paul Celans Gedicht ‚Die Todesfuge'.

Schwer zu sagen, wie das folgende Haiku interpretatorisch einzuordnen ist:

darkening sea –	dunkelnde See –
the cries of wild ducks	die Schreie der Wildenten
faintly white[13]	matt weiß

    Matsuo Bashō (JP)

Nur ein Beispiel für Synästhesie[14] oder doch eins für eine schon fast absolute Metapher mit dem Aufhänger der matter werdenden Schaumkronen des Meeres? Wie dem auch sei, für japanische Verhältnisse ein erstaunlicher Beleg, zeigt sich die Metaphorik doch hier generell in einer ganz

---

[11]Vgl. Grundbaustein XVII
[12]Aus lateinisch = das Dritte des Vergleichs
[13]Übersetzung von Sonia Coman
[14]Vgl. Grundbaustein III

anderen Form, nämlich deutlich zurückhaltender, indirekt, nicht so offen und direkt wie üblicherweise in den westlichen Literaturen. Besonders aufschlussreich in diesem Zusammenhang ist die Beobachtung, dass sich letztlich erst im modernen, avantgardistischen Gendai-Haiku klare Beispiele finden lassen, offensichtlich eine Folge des Einflusses aus dem Westen.

Shoved off the stairs – falling I become a rainbow[15]	die Treppe hinab- fallend werde ich ein Regenbogen[16]

      Ban'ya Natsuishi (JP)

Ansonsten ist – wie bereits gesagt – die Bildung einer Metapher im japanischen Haiku prinzipiell anders zu betrachten, kommt sie doch nicht als mental-emotionaler Akt durch ein lyrisches Ich[17] zustande, sondern primär ausgelöst durch ein Phänomen im Jahreszeitenablauf.[18] So hat etwa der japanische Literaturwissenschaftler Haruo Shirane darauf hingewiesen, „dass in den Haiku Bashōs oft eine subtile Metaphorik enthalten ist bzw. dass ein Haiku mehrere Bedeutungsebenen haben kann. Dass ein schlichter Text wie

Abend im Herbst.
Auf einem dürren Ast
hockt eine Krähe.[19]

      Matsuō Bashō (JP)

als „objektives" Naturbild und gleichzeitig als Metapher für das Altern

---

[15]Übersetzung von Jim Kacian und Ban'ya Natsuishi
[16]Übersetzung von Dietmar Tauchner
[17]Vgl. Grundbaustein XIII
[18]Wirth, Klaus-Dieter: La métaphore dans le haïku, in: GONG – Revue francophone de haïku Nº 20, Lyon 2008, p. 19–22
[19]Übersetzung von Dietrich Krusche

gelesen werden kann. Dazu kommen dann im klassischen Haikai häufig die Funktion des Verses als Grußwort an einen Gastgeber oder offene intertextuelle Bezüge zur klassischen japanischen und chinesischen Dichtkunst. Was die Metaphorik angeht, so hat sich das in der Moderne nicht verändert. Nehmen Sie nur das folgende Haiku von Takahama Kyoshi, einem wichtigen Schüler von Shiki, mit dem dieser wieder in die Haiku-Welt zurückkehrte, nachdem Hekigotō, sein Freund und Konkurrent (einer der ersten, der die traditionellen Haiku-Regeln in Frage stellte) zunehmend Einfluss gewonnen hatte.

Spring breeze!	Frühlingsbrise!
On the hill I firmly stand	Fest stehe ich auf dem Hügel
With the great resolve.[20]	mit großer Entschlossenheit.[21]
Takahama Kyoshi (JP)	

Hier ist die Frühlingsbrise selbstverständlich auch (nicht nur!) metaphorisch zu verstehen, als Metapher für die Entstehung von etwas Neuem. Das Haiku kann auch als Kampfansage, als politisches Statement gegen die Auflösung der Tradition gelesen werden."[22]

Auf diese Art und Weise ist die der japanischen Literatur eigene Metaphorik subtil verborgen. Sie will nicht allein gedeutet, sondern zuvor erst entdeckt werden. Sie ist fundamental verborgen, und zwar meist schon implizit in den Kigo, den Jahreszeitenwörtern selbst. Damit nimmt sich umso mehr der Autor aus dem Spiel, regt stattdessen den Leser an, die assoziativen, metaphorischen oder symbolischen Schichten aufzuspüren. Ebenso kann das Kire, die Zäsur, dazu dienen, Spielraum für Übertragungen bereitzustellen[23], die zu einer Metaphorik im übergeordneten Sinne

---

[20]Übersetzung von Mizuta Mutsumi
[21]Übersetzung von Udo Wenzel
[22]Aus: Udo Wenzel im Gespräch mit Turgay Uçeren: Die Vielfalt des Haiku, S. 8 f.
  https://www.haiku-heute.de/archiv/wenzel-uceren-die-vielfalt-des-haiku/vom 22.01.2020
[23]Wirth, Klaus-Dieter: Der Ruf des Hototogisu, Teil I, München (Allitera-Verlag) 2019, S. 29–31

führen. Ja, es wurde sogar darauf hingewiesen, dass das Haiku als Gesamt-konstrukt betrachtet jeweils eine Metapher darstellt. Kurzum, nach den Kategorienpaaren unbewusste und bewusste, rückholbare und absolute Metapher kommen, bezogen aufs Haiku, noch die Kontrahenten explizit und implizit hinzu. Vordergründig lockt das Haiku mit konkret Erlebtem, doch mit der Veranschaulichung ergeht die Aufforderung, nach tieferen Hinweisen und Wahrheiten zu suchen.

Wenn es auch für Westler nicht möglich ist, diesem Anspruch je ganz nachzukommen, so sollte bei allem gerechtfertigten Streben nach einer ei-genständigen Entwicklung des Haiku immerhin darauf geachtet werden, dass zunächst im Hinblick auf die Schlichtheit des Haiku nicht mehr als nur eine Metapher zum Einsatz kommt, dass ihre Konstruktion nicht zu intellektuell ausfällt und damit davon abhält, weitere Zusammenhänge zu vermuten. Das Haiku lebt wesentlich von der Funktion der Bezüge. Das aber ist auch die Seele der Metapher. Mut und Vorsicht sind hier gefragt! Von David Lanoue stammt die allgemeinere Erkenntnis: „Gedichte im Westen gleichen fein dekorierten Wänden, Haiku dagegen Fenstern!"[24]

My age	Mein Alter
past eighty –	jenseits der achtzig –
a starry night[25]	eine sternklare Nacht
Rika Fujishiro (JP)	
Je sucerai	Ich werde es lutschen
ton beau grand œil, Automne,	dein schönes, großes Auge, Herbst,
saison des rosées.	Jahreszeit der Tau-Tage.
Dakotsu Iida (JP)[26]	

---

[24]Lanoue, David: *What Silence Does to Poetry: Pushkin and Issa.* Conference of Haiku Club Sofia and New Bulgarian University, Sofia 2007.
[25]Übersetzer unbekannt
[26]Übersetzung von Corinne Atlan und Zéno Bianu

De plus en plus froid –
le téléphone noir
de la nuit
    Sumitaku Kenshin (JP)[27]

Immer kälter –
das schwarze Telefon
der Nacht

El verde sauce
Pinta una ceja sobre la cara
De un malecón[28]
    Arakida Moritake (JP)

Die grüne Weide
Malt eine Braue auf das Gesicht
einer Mole

Skeletons
all prettily made up –
cherry blossom viewing[29]
    Uejima Onitsura (JP)

Skelette
mit Schminke auf den Knochen –
Kirschblütenschau[30]

Dans le creux de ma poitrine
S'installe
Le cocon de l'automne[31]
    Yotsuya Ryu (JP)

In meiner Brustraumhöhle
Richtet sich
der Kokon des Herbstes ein

For the cuckoo's call
the lake
is a great eye[32]
    Takaka Shugyo (JP)

Für den Ruf des Kuckucks
ist der See
ein großes Auge

Es ist zu beachten, dass Moritake (1473–1549) sogar zu den ganz frühen Haiku-Dichtern gehört und Onitsura (1661–1738) ein Zeitgenosse Bashōs

---

[27]Übersetzung von Corinne Atlan und Zéno Bianu
[28]Übersetzung von Alfredo Bizarro
[29]Übersetzung von Gabi Greve
[30]Übersetzung von Gabi Greve
[31]Eigenübersetzung des Autors
[32]Übersetzer unbekannt

16

war. Alle anderen sind zeitgenössische Autoren! Außerdem wurde einmal verlautbart, dass Bashō der authentischste, Kikaku der lyrischste und Onitsura der metaphorischste Haijin jener Zeit gewesen sei.

Wetterwechsel –
ich hänge den Frühling
auf Kleiderbügel
    Christa Beau (DE)

Im Gras ein Apfel
rundes Schweigen, hingelegt
an den Rand der Welt.
    Josef Guggenmos (DE)

Im Gegenlicht
Hellgraue Vögel
Fächern den Morgen auf
    Ruth Guggenmos-Walter (DE)

Verschlafen lüftet
der Berg die Nebelmütze –
weiß das Haar.
    Hans Matye (RO/DE)

Regen rauscht
der leise Vorhang bestickt
mit Amselgesang
    Angelica Seithe (DE)

das Krähen des Hahns
krakeliert das Porzellan
der frühen Stille
    Klaus-Dieter Wirth (DE)

zomermiddag
de buurman boort een gaatje
in mijn geduld
    Bouwe Brouwer (NL)

Mittag im Sommer
der Nachbar bohrt ein Löchlein
in meine Geduld

ochtendschemering
een merel hipt heen en weer
op de toonladder
    Yolande Hendriks (NL)

Morgendämmerung
eine Amsel hüpft hin und her
auf der Tonleiter

ook het laatste wak
in haar herinnering
vriest langzaam dicht
    Ria Giskes (NL)

auch das letzte Eisloch
in ihrer Erinnerung
friert langsam zu

De laadkraan hapt
met opengesperde muil
in een hoop kiezel.

    Bart Mesotten (BE)

Der Ladekran beißt
mit aufgesperrtem Maul
in einen Haufen Kiesel.

Beroest door de wijn.
Om mijn slaap hangen dromen
in dikke trossen.

    Andries Poppe (NL)

Berauscht vom Wein.
Um meinen Schlaf hängen Träume
in dicken Büscheln.

Global warming –
the beard of Fujisan
gets a trim

    Bruce England (US)

Globale Erderwärmung
der Bart des Fujisan
wird getrimmt

icy path
his girlfriend's father
refuses to melt

    Kevin Goldstein-Jackson (GB)

vereister Pfad
der Vater seiner Freundin
will nicht auftauen

rending
the garment of night
fox cries

    Autumn Noelle Hall (US)

zerreißen
das Gewand der Nacht
Fuchsschreie

autumn storm
a cormorant sits
on the throne of winds

    Anatoly Kudryavitsky (RU/IE)

Herbststurm
ein Kormoran sitzt
auf dem Windthron

through the late autumn night
stillness rubs
its wings

    Gary Lebel (US)

die späte Herbstnacht hindurch
reibt die Stille
ihre Flügel

a hawk hovers	ein Habicht schwebt
in the white fire	im weißen Feuer
of summer	des Sommers

    A. A. Marcoff (GB)

Orion	Orion
stalks the dawn sky	pirscht den Morgenhimmel an
early autumn	Frühherbst

    Elizabeth Searle Lamb[33] (US)

Hier liegt sozusagen eine indirekte Metapher vor dem Herbst als Jagdzeitsaison.

aube froide –	kühles Morgengrauen –
la plaine	die Ebene
en habit de lumière	im Lichtgewand

    Coralie Berhault Creuzet (FR)

Les abois des chiens	Das Gebell
du dressage canin transpercent	der Hundeschule durchdringt
le cœur de l'automne	das Herz des Herbstes

    Patrick Blanche (FR)

vent contraire	Gegenwind
vers l'océan une déferlante	zum Ozean eine Brandungswelle
de coquelicots	aus Klatschmohn

    Danièle Duteil (FR)

---

[33]Elizabeth Searle Lamb (1917–2005) war eine der großen Haiku-Führungspersönlichkeiten in den Vereinigten Staaten von Amerika, nicht nur Gründungsmitglied und Präsidentin der HSA (Haiku Society of America), sondern auch Herausgeberin von deren Zeitschrift *Frogpond* (Froschteich).

laitue du jardin
en la préparant craque
son rire chlorophylle

    Marie Mas-Pointereau (FR)

Kopfsalat aus dem Garten
beim Zubereiten knackt
sein chlorophylles Lachen hervor[34]

Lune pâle
grand oignon blanc
dans l'eau de la nuit

    Daniel Py (FR)

Bleicher Mond
große weiße Zwiebel
im Wasser der Nacht

Sin dejar huellas
labran su campo azul
las golondrinas

    Salim Bellen (RL/CO)

Ohne Spuren zu hinterlassen
bearbeiten sie ihr blaues Feld
die Schwalben

Al solo viento
los rebaños de nubes
tienen por pastor

    Salim Bellen (RL/CO)

Allein den Wind
haben die Wolkenherden
als Hirten

A ray of moonlight
directs the orchestra
of crickets[35]

    Humberto Senegal[36] (CO)

Ein Strahl vom Mondlicht
dirigiert das Orchester
der Grillen

---

[34]Übersetzung von Mario Fitterer
[35]Übersetzung wahrscheinlich vom Autor selbst
[36]Umberto Senegal, Gründer und Präsident der kolumbianischen Haiku-Gesellschaft, ist einer der renommiertesten, lateinamerikanischen Autoren, der bereits seit 1980 Haiku schreibt, natürlich vornehmlich auf Spanisch.

The sad woods –
their eyes shedding
leaf after leaf[37]

    Dimitar Stefanof[38] (BG)

Die traurigen Wälder –
ihre Augen vergießen
Blatt um Blatt

Poets chew
the tender pink ham
of the sunset[39]

    Dimitar Stefanof (BG)

Poeten kauen
den zarten rosa Schinken
des Sonnenuntergangs

Askfärgad tystnad.
Den blå jätten går förbi.
Kall bris från havet.

    Tomas Tranströmer[40] (SE)

Aschfarbene Stille.
Der blaue Riese geht vorbei.
Kalte Brise von der See.

Den vita solen
träningslöper ensam mot
dödens blåa berg.

    Tomas Tranströmer (SE)

Die weiße Sonne
ein Langstreckenläufer allein gegen
das blaue Gebirge des Todes.

---

[37]Übersetzer unbekannt
[38]Dimitar Stefanov (1932–2018) war der erste bulgarische Dichter, der ein Haiku-Buch veröffentlichte, und zwar schon 1988. 2001 brachte er die erste Anthologie von 90 bulgarischen Haiku-Autoren heraus und war 2000 Gründungsmitglied des Bulgarischen Haiku-Clubs.
[39]Übersetzer unbekannt
[40]Tomas Gösta Tranströmer (1931–2015) erhielt 2011 den Nobelpreis für Literatur.

Eleonore Nickolay

Die französische Ecke

Das Thema der Oktoberausgabe von GONG Nr. 73 ist „Passage(s)“, ein sehr allgemeiner Begriff, der im Deutschen mit Vorbeikommen, Vorüberziehen, Durchfahren, Passieren, Überqueren, Passage übersetzt werden kann. Er kann auch im übertragenen Sinne einen Übergang von einem Zustand in einen anderen bedeuten, zum Beispiel den Übergang von einer Jahreszeit in die andere oder auch den Übergang vom Leben zum Tod.

Dementsprechend vielschichtig gestaltet sich der theoretische Teil der Revue: Da ist bei Isabel Asúnsolo von der genauen Beobachtung des Jahreszeitenablaufs die Rede, von Shikis besonderer Sensibilität zur Vergänglichkeit der Zeit. Von dort ist es nicht mehr weit bis zum „jisei“, dem letzten Haiku eines Haijin vor seinem Ableben:

Je vous dis adieu!	Ich sage euch Adieu!
Je passe comme les choses	Ich gehe wie die Dinge
Rosée sur les herbes	Tau auf den Gräsern
Banzan (1661–1730)	

Isabel beendet ihr Kapitel mit Haiku, die von einer Brücke handeln, einem Ort des Übergangs par excellence. Während eines Workshops ließ sie Schulkinder über eine Brücke gehen und Haiku darüber schreiben:

Traverser un pont	Eine Brücke überqueren
Silence apaisant de l'âme	Die beruhigende Stille der Seele
Soudain un klaxon!	Plötzlich hupt ein Auto!
Neima	

Es folgen ein schriftlicher Austausch zwischen dem Haiku-Dichter Thierry Cazals und seinem japanischen Haiku-Freund, der ihm die komplexe Bedeutung des Begriffes „ma“ erklärt, diesen mysteriösen Zeitraum des Innehaltens, der als Raum des Übergangs verstanden werden kann.

Ein anderer Übergang, nämlich der von einer Sprache in eine andere, wird in zwei weiteren Beiträgen thematisiert. Der Spanier Elias Rovira Gil berichtet von seinen Übersetzungsversuchen von Shikis letzten Tagebüchern und Isabel Asúnsolo von ihrem amüsanten Experiment mit einem Online-Übersetzer-Portal. Aus der Biene in der französischen und spanischen Version ihres Haiku wird in der Rückübersetzung vom Spanischen ins Französische eine Suchmaschine! Der Themenblock schließt mit zwei Haibun, die von Lebensabschnitten erzählen: vom Übergang des Kindes in die Pubertät und des Berufstätigen in den Ruhestand.

Hier nun Beispiele zum Thema aus der Haiku-Auswahl:

Ancien internat	Altes Internat
au jardin la même brèche	im Garten dasselbe Loch
dans le mur	in der Mauer
Anne Brousmiche	

ils sont tous partis …	alle sind fort …
au fond du panier à linge	auf dem Boden im Wäschekorb
un peu de sable	ein bisschen Sand
Laurence Faucher-Barrère	

Le vent dans le village	Der Wind im Dorf
comme s'il cherchait	als suche er
une porte ouverte	eine offene Tür
Vincent Hoarau	

lever du jour	Tagesanbruch
la rose s'ouvre en corolle	die Rose öffnet ihre Blüte
ma mère est partie	Mutter ist gegangen
Nadine Robillard	

ce jour de typhon	an diesem Typhon-Tag
de passage au cimetière	am Friedhof vorbei
le vent est plus doux	der Wind etwas sanfter
Nicolas Sauvage	

Und aus den Auswahlen der Sonderausgabe zum diesjährigen Haiku-Wettbewerb:

Thema „Traum"

pluie de décembre
une longue pause
devant l'agence de voyage

    Gérard Dumon

Dezemberregen
eine lange Pause
vor der Reiseagentur

Papillon
le temps d'un rêve
être ton ombre

    Alain Letondeur

Schmetterling
einen Traum lang
dein Schatten sein

Freies Thema:

Dans la tasse,
Un peu de son café.
Je le rajoute au mien.

    Patrick Uguen

In der Tasse
Ein wenig von ihrem Kaffee
Ich gieße ihn zu meinem

(3. Platz im Haiku-Wettbewerb)

épuisette en mains
dans la nuit l'enfant observe
les étoiles filantes

    Bruno-Paul Carot

Kescher in der Hand
in der Nacht beobachtet das Kind
die Sternschnuppen

vivre seule
unique visite imprévue
mon ombre au soleil

    Michèle Chrétien

allein leben
der einzige unerwartete Besuch
mein Schatten in der Sonne

Moritz Wulf Lange

Die Anfänge des deutschsprachigen Haiku
Teil 4 – Die ersten deutschsprachigen Haiku (2)

Im dritten Teil dieser Serie haben wir gesehen, wie einzelne deutschsprachige Dichter vor dem Zweiten Weltkrieg angefangen haben, sich mit dem Haiku zu beschäftigen. Parallel dazu verbreitete sich das Haiku über die Jugendbewegung. Dieser Umstand war bisher nicht allgemein bekannt, lässt sich inzwischen aber ziemlich gut rekonstruieren. Zunächst muss man allerdings etwas weiter ausholen und sich den damaligen Hintergrund vergegenwärtigen.

Bereits im Kaiserreich entstand unter jungen Leuten eine, ganz vereinfacht gesagt, Wanderbewegung.[1] In der Weimarer Republik setzte sie sich auf verschiedene Weise fort. Für die einzelnen Strömungen dieser Bewegung sind viele Namen geläufig: Wandervogel, Bündische Jugend, Pfadfinder, um nur ein paar zu nennen. Man suchte die Natur, geistige Unabhängigkeit und Freiheit. Heute noch bekannte Angehörige dieser Bewegung sind z. B. Hans und Sophie Scholl von der späteren Widerstandsgruppe „Weiße Rose".

Im Zentrum dieser Jugendbewegung standen gemeinsame Wanderungen. Sie konnten kurz sein, aber durchaus auch Wochen dauern; die Ziele konnten sich in der näheren Umgebung oder in so weit entfernten Ländern wie Finnland befinden. Damit kombiniert war oft ein Interesse an kulturellen und geistigen Dingen.

Die einzelnen Gruppierungen waren unterschiedlich ausgerichtet. Die Pfadfinderbewegung z. B. wurde ursprünglich in England von Robert Baden-Powell ins Leben gerufen und war vergleichsweise straff organisiert. Der Wandervogel entstand an einem Gymnasium in Berlin und war weitestgehend frei von Einflüssen Erwachsener. Bis heute gibt es diverse

---

[1]Zu den Anfängen vgl. z. B. Ziemer/Wolf 1961.

Pfadfinder-Organisationen. Aber auch Vereinigungen wie beispielsweise der Nerother Wandervogel[2] und die Deutsche Freischar[3] haben eine lange – und nur durch die Nazizeit unterbrochene – Tradition. Einzelne Gruppierungen wurden erst lange nach dem Krieg in der alten Tradition neu gegründet.[4] Wieder andere Gruppen sind längst untergegangen und vergessen.

1929 entstand innerhalb der Deutschen Freischar (einer Vereinigung von Wandervögeln und Pfadfindern) die „Deutsche Jungenschaft vom 1.11.1929", kurz „dj. 1.11" – von ihr wird im Zusammenhang mit dem Haiku noch die Rede sein. Ein Jahr später wurde die dj. 1.11 aus der Deutschen Freischar ausgeschlossen, schlüpfte kurzfristig als Mitglied im Deutschen Pfadfinderbund unter und machte sich schließlich, ohne Abhängigkeit von einer Dachorganisation, selbstständig.[5]

Ihr Führer, Eberhard Koebel, scheint ein Mensch von hoher Intelligenz gewesen zu sein. Er sprach u. a. Englisch, Französisch, Chinesisch und Schwedisch; in Berlin gründete er Jahrzehnte vor Rainer Langhans und Dieter Kunzelmann eine Kommune.[6] Politisch irrlichterte Koebel Zeit seines Lebens zwischen linken und rechten Extremen; seine politische Uneindeutigkeit führte ihn schließlich in Gestapo-Haft.[7] Im Krieg arbeiteten Koebel und seine Frau für die britische BBC als Fremdsprachenabhörer.[8]

Koebels sogenannter Fahrtenname – ein Spitzname, den man bei den Pfadfindern bis heute bekommt[9] – war *Tusk*, aus dem Skandinavischen *tysk* = *deutsch*. Sein Einfluss ist bis heute u. a. daran abzulesen, dass das

---

[2]Vgl. www.nerother-wandervogel.de, aufgerufen am 11.06.2021.
[3]Vgl. www.freischar.de, aufgerufen am 08.08.2021.
[4]Z. B. der Draiser Wandervogel, gegründet erst 1995, vgl. seine Homepage www.draas.de, aufgerufen am 11.06.2021.
[5]Möller 2012, S. 129.
[6]Möller 2012, S. 131.
[7]Vgl. Die Zeit 09/1997, 21.02.1997, online abgerufen am 28.02.2021:
https://www.zeit.de/1997/09/tusk_-_der_Deutsche/komplettansicht#print und Möller 2012.
[8]Möller 2012, S. 134.
[9]Mein Dank gilt an dieser Stelle Jana Wilken für die Verifizierung.

typische Pfadfinderzelt unserer Tage auf seine Entwürfe zurückgeht. Die Wochenzeitung „Die Zeit" widmete ihm 1997 einen großen Artikel. Diesem Eberhard Koebel war offenbar sehr daran gelegen, die Jugendbewegung auch geistig zu prägen – man kann dies an seiner umfangreichen Tätigkeit als Herausgeber von Jugendzeitschriften und Autor zahlreicher Artikel ablesen.[10]

Soweit der Hintergrund. Bei all dem hatte sich Eberhard Koebel alias *Tusk* auch sehr für die japanische Kultur interessiert.[11] Eine seiner Zeitschriften, „Die Kiefer", die von 1933 bis 1934 unregelmäßig erschien, bekam ihren Namen in ausdrücklicher Anlehnung an Japan.[12]

Während der kurzen Existenz der „Kiefer" erschienen in den verschiedenen Ausgaben[13] ausführliche Artikel zu Themen der japanischen Kultur- und Geistesgeschichte, insbesondere zu Zen und den Samurai. Umfangreiche Auszüge aus einem Buch über Bushido,[14] ein ethisches System der japanischen Krieger, wurden ab Nr. 3 abgedruckt. Und in Heft 2 vom April 1933 sind im Leitartikel unter der Überschrift „Wortblätter treiben im Winde" auch ein paar japanische Gedichte erschienen, übertragen von Werner Helwig.[15] Mit seiner Herausgeber-Tätigkeit lenkte Koebel das Interesse der Leserschaft gezielt auf japanische Kultur- und Geistesgeschichte.

Quellen für Koebels Artikel waren Bücher, die er in einer der weltweit größten Fachbibliotheken,[16] im Japaninstitut in Berlin, fand. Gleichzeitig wollte er seinen Lesern offenbar ermöglichen, sich selber in die japanische Kultur einzuarbeiten. Eine Literaturliste, in der ersten Nummer der „Kiefer" abgedruckt, umfasst gleich 25 Titel. Darunter sind „Zen – der

---

[10]Vgl. dazu Helwig 1962 und Möller 2012.
[11]Vgl. Möller 2012.
[12]Vgl. Möller 2012, S. 137.
[13]Vgl. Freudenstein 1994.
[14]Verfasst von Prof. Dr. Inazo Nitobe, Tokio; aus dem Engl. übersetzt von Ella Kaufmann. Nach Die Kiefer, Heft 3, Mai 1933, S. 4. Nachgedruckt in Freudenstein 1994.
[15]Die Kiefer, Heft 2, April 1933, S. 2 f. In: Freudenstein 1994.
[16]Vgl. dazu Möller 2012, S. 144.

lebendige Buddhismus" (Ohasama-Faust, 1925), „Essays in Zen-Buddhism" (Suzuki, 1927), „Japanische Literaturgeschichte" (Florenz, 1906), „Die gegenwärtigen und abendländischen Geistesströmungen und der echt japanische Geist" (Fujisawa, 1925) und „An Outline of Zen" (Watts, 1932).[17]

Aber es war Koebels Anliegen, japanische Kultur nicht nur theoretisch, sondern auch ganz praktisch zu vermitteln. Das geschah z. B. im Rahmen eines elftägigen Jugendlagers[18] der dj. 1.11 auf der Nordseeinsel Langeoog im Jahr 1933.[19] Dort beschäftigten sich die 150 Teilnehmer nicht nur allgemein mit japanischer Kultur, sondern auch mit dem Schreiben von Haiku.[20] Einzelheiten sind heute leider nicht mehr bekannt. Aber das Beispiel von Langeoog zeigt, dass das Haiku schon vor dem Krieg in der Jugendbewegung Fuß gefasst hatte.

War Koebel mit seinem Interesse für japanische Kultur (und Haiku) ein Einzelfall in der Jugendbewegung? Nein. Da gab es zum Beispiel den „Kiefer"-Mitarbeiter Werner Helwig: Der war Mitglied im Nerother Wandervogel,[21] hatte sich mit der japanischen Sprache beschäftigt[22] und übersetzte japanische Haiku ins Deutsche (1945 erschien von ihm in einem Hamburger Verlag eine kleine deutschsprachige Anthologie japanischer Texte und Gedichte,[23] u. a. mit Haiku von Matsuo Bashō, Yosa Buson, Masaoka Shiki und Takahama Kyoshi.)[24] Und 1932 besuchte eine Gruppe Nerother Wandervögel, allerdings ohne Helwig, im Rahmen einer Weltreise 1932 auch Japan.[25]

Außer zu Werner Helwig hatte Koebel auch Kontakt zu einem Mann

---

[17]Die Kiefer, Heft 1, April 1933, S. 10 f. In: Freudenstein 1994.
[18]Vgl. Die Kiefer, Heft 6, August 1933, S. 4. Nachgedruckt in Freudenstein 1994.
[19]Vgl. Möller 2012, S. 144 und S. 141.
[20]Möller 2012, S. 141.
[21]Mail von Jörg Möller an den Autor vom 30.03.2021.
[22]Helwig 1945, S. 7.
[23]Helwig 1945.
[24]Vgl. Helwig 1945, S. 54–69.
[25]Mail von Jörg Möller an den Autor vom 31.03.2021.

namens Erwin Toku Bälz, dessen Vater als Arzt lange in Japan gearbeitet hatte.[26] Bälz selber war mit einer Japanerin verheiratet und schrieb, wie Helwig, ebenfalls für die »Kiefer«.[27] Sein eigenes Interesse an der Jugendbewegung scheint Bälz innerhalb der Familie weitergegeben zu haben: Seine Söhne waren Teilnehmer des Jugendlagers der dj. 1.11 auf Langeoog.

Kann man heute noch feststellen, welchen Stellenwert das Haiku in der dj. 1.11 hatte? Leider nicht. In einer Sammlung der Werke Koebels[28] finden sich keine Haiku (wie überhaupt so wenige Gedichte, dass sich die Vermutung aufdrängt, die Sammlung sei noch nicht vollständig). Ebenso wird in den verschiedenen Ausgaben der „Kiefer" das Haiku nicht explizit erwähnt. Aber in jedem Fall kann man nach heutigem Stand der Dinge als gesichert annehmen, dass sowohl der *Tusk* genannte Eberhard Koebel als auch Erwin Toku Bälz und Werner Helwig die Verbreitung des Haiku in Teilen der Jugendbewegung gefördert haben.

Wie weit das Haiku auch über die dj. 1.11 hinaus bekannt war, ist nicht endgültig zu klären. Im Bundesarchiv des VCP (Verein christlicher Pfadfinderinnen und Pfadfinder) z. B. sind keine einschlägigen Belege archiviert.[29] Für 1987 lässt sich als zufälliges Einzelbeispiel ein Haiku-Wettbewerb nachweisen, der im „Stamm Burgund" der Berliner Pfadfinder durchgeführt und dessen Ergebnis in einer kleinen Broschüre festgehalten wurde.[30] Auch im Archiv der deutschen Jugendbewegung auf Burg Ludwigstein ist eine Beschäftigung mit dem Haiku bisher erst für die 1980er Jahre nachweisbar.[31] Allzu viel besagt das Fehlen von Nachweisen freilich nicht, denn nicht jedes Stück Papier wanderte in die Archive. Und bei der Einordnung des Umstands der fehlenden Nachweise muss man natürlich

---

[26]Möller 2012, S. 144.
[27]In: Die Kiefer, Heft 6, August 1933, S. 1–4. Nachgedruckt in Freudenstein 1994.
[28]Helwig 1962.
[29]Mail vom VCP-Bundesarchiv an den Autor vom 22.02.2021.
[30]Veröffentlicht zwei Jahre nach dem Wettbewerb in einer kleinen Broschüre (im Besitz des Autors).
[31]Mail vom Archiv der deutschen Jugendbewegung an den Autor vom 24.02.2021.

auch bedenken: Im Krieg sind viele Dokumente zerstört worden, ein Überleben von Papieren aus der Vorkriegszeit ist Glückssache.

Einzelne Hinweise auf die Verbreitung des Haiku in der Jugendbewegung, auch über die dj. 1.11 hinaus, sind jedoch überliefert. Der deutsche Haiku-Dichter und große Förderer des deutschsprachigen Haiku, Carl Heinz Kurz (Jahrgang 1920), hat das Haiku vor dem Krieg in seiner Pfadfinder-zeit kennengelernt.[32] Zum ersten Mal hörte er Haiku als Neunjähriger in einem Pfadfinderheim in Bad Harzburg,[33] es muss um das Jahr 1929 gewesen sein. Auch an das Schreiben von Haiku in dieser Zeit erinnert er sich.[34]

Im Zeitpunkt nicht ganz so genau bestimmbar ist die Begegnung von Karl Heinz Bolay (Jahrgang 1914) mit dem Haiku. Bolay fing mit 12 Jahren an zu schreiben, also um 1926, und wurde später Mitarbeiter der bündi-schen Zeitschriften „Das Lagerfeuer" und „Der große Wagen."[35] Nach dem Krieg emigrierte Karl Bolay nach Skandinavien, wo er als Bibliothekar und Schriftsteller arbeitete.[36] Bolay berichtete der ersten Präsidentin der Deutschen Haiku-Gesellschaft, Margret Buerschaper, über das Dichten von Haiku am Lagerfeuer.[37] Bei welcher Gruppierung Bolay war, ist bei Buerschaper nicht zweifelsfrei herauszulesen, es wird dort aber die Bündi-sche Jugend impliziert.[38]

Damit ist zumindest klar, dass die dj. 1.11 nicht die einzige Gruppierung war, innerhalb derer Haiku geschrieben wurden. Schon vor der Gründung der dj. 1.11 war das Haiku auch unter Pfadfindern und in der Bündischen Jugend nicht unbekannt gewesen. Ob diese Bekanntschaft mit dem Haiku auf Schriften von Franz Blei und Yvan Goll, auf Übersetzungen bzw.

---

[32]Vgl. dazu die Kurzbiografie von Carl Heinz Kurz, in: Araki/Buerschaper 1990, S. 124.
[33]Buerschaper 1988, S. 6.
[34]Buerschaper 1987, S. 95.
[35]Kurz 1977, S. 14.
[36]Vgl. Kurz 1977, S. 5-20.
[37]Buerschaper 1987, S. 95 f.
[38]Buerschaper 1987, S. 95 f.

Anthologien, auf europäische Werke zur Literaturgeschichte oder auf noch andere Quellen zurückgeht, ist nicht mehr im Einzelnen nachvollziehbar.

Als Fazit lässt sich feststellen, dass die deutschsprachige Haiku-Dichtung in ihrer Anfangszeit zwischen den Weltkriegen durch zwei verschiedene Einflüsse geprägt worden ist. Zum einen wurden deutschsprachige Haiku vereinzelt von Literaten publiziert (Blei und Goll) und darüber hinaus von Autoren wie Kanzius, Rilke und Koc geschrieben. Zum anderen war das Haiku in der Jugendbewegung (Pfadfinder, Bündische Jugend, Wandervogel) bekannt und wurde dort auch gedichtet.

Eine literarische Tradition hatte sich aus diesen beiden Einflüssen bis Kriegsende allerdings noch nicht gebildet. Wie sich diese Tradition nach dem Krieg zu entwickeln anfing, ist Thema der nächsten Folge.

Literatur:

– Araki, Tadao/Buerschaper, Margret (Hgg.): Bio-Bibliografie der Mitglieder der Deutschen Haiku-Gesellschaft. Frankfurt/M.: o. V., 1990.

– Buerschaper, Margret: Das deutsche Kurzgedicht in der Tradition japanischer Gedichtformen. Haiku, Senryu, Tanka, Renga. Göttingen: Graphikum, 1987.

– Buerschaper, Margret: Carl Heinz Kurz, ein deutscher Haijin. Biographisch-literarische Betrachtungen. Göttingen: Graphikum, 1988.

– Freudenstein, Achim (Hg.): Faksimile zur Geschichte der Bündischen Jugend: Vollständiger Nachdruck der Zeitschrift „Die Kiefer" 1933/34. O. O.: o. V., 1994.

– Helwig, Werner: Wortblätter im Winde. Nachdichtungen japanischer Texte. Hamburg: Goverts, 1945.

– Helwig, Werner (Hg.): tusk. Gesammelte Schriften und Dichtungen. Heidenheim a. d. Brenz: Südmark, 1962.

– Knoch, Peter (Hg.): Haiku-Wettbewerb. (Ergebnisse des Haiku-Wettbewerbs 1987 im BdP Berlin, Stamm Burgund). Mit Vorbemerkungen von Walter Scherf und Peter Knoch. Berlin: Privatdruck, 1989.

- Kurz, Carl Heinz: Poetenbilder. Karl H. Bolay, Peter Coryllis, Hajo Knebel. 2. Aufl. Frankfurt/M.: Verlag das Viergespann, 1977.

- Möller, Jörg: „Das Leben ist nicht mehr als Maienblüte" – Eberhard Koebels Japanrezeption. In: Niehaus, Andreas/Weber, Chantal (Hg.): Reisen, Dialog, Begegnungen. Festschrift für Franziska Ehmcke. Berlin: Lit Verlag, 2012, S. 129–148.

- Wochenzeitung „Die Zeit" 09/1997, 21.02.1997.

- Ziemer, Gerhard/Wolf, Hans: Wandervogel und freideutsche Jugend. Bad Godesberg: Voggenreiter, 1961.

Haiga: Angelika Holweger

Conrad Miesen

Zum 15. Todestag von Leonie Patt.
Porträt und Würdigung
1. Teil

Beim zweiten Kongress der Deutschen Haiku-Gesellschaft am Pfingstwochenende 1991 in Lindenberg im Allgäu lernte ich eine Schweizerin kennen, die zum damaligen Zeitpunkt bereits 79 Jahre alt war, mich aber in unseren Gesprächen durch eine besondere Frische, Tatkraft und ihre geistige Beweglichkeit in Erstaunen versetzte.

Mit jener Leonie Patt aus dem Schweizer Bergdorf Malix im Kanton Graubünden entwickelte sich in der Folge rasch ein intensiver Kontakt, der sich in einem lebhaften Briefwechsel und zahlreichen Begegnungen manifestierte und bis zum Tod von Leonie im Frühjahr 2006 fortbestand.

Aus Anlass des 15. Todestages möchte ich in diesem Porträt an sie erinnern und einige bedeutsame Stationen ihres Lebens und poetischen Schaffens nachzeichnen.

Leonie Patt gehörte schon seit den ersten Anfängen als Mitglied zur DHG, besuchte außer dem Lindenberger auch den Landauer Kongress an Pfingsten 1993 und stand mit zahlreichen Haiku-Freunden in nah und fern dauerhaft im Kontakt und Austausch.

Zwar wandte sie sich häufig brieflich oder auch mündlich mit detaillierten Fragen an mich (z. B. zur Haiku- und Tanka-Poetik oder der Struktur von Renku-Dichtungen nach japanischem Vorbild), doch muss ich rückblickend einräumen, dass ich von ihr in rein menschlicher und auch literarischer Hinsicht nicht minder große Anregungen empfing.

Wer sie persönlich kannte, wird mir sicher darin zustimmen, dass die Poesie der rote Faden in ihrem Leben war und dass ihr Leben und ihre poetischen Texte eine spezielle, untrennbare Einheit bildeten. Daher halte ich es in diesem Porträt für unerlässlich, nicht nur auf ihr Haiku-Schaffen einzugehen, sondern auch im Kontext auf ein paar andere wichtige Einfluss-Faktoren hinzuweisen, wie etwa die Verwurzelung in der Graubündner Berglandschaft, die Affinität zur Renaissancemusik und die Mitwirkung im Raetischen Consort sowie die inspirierenden Reisen durch Island, das Land der Vulkane.

Zu den Kerndaten ihrer Biografie sei hier nur (in aller Kürze und im Überblick) Folgendes angemerkt. Leonie Patt-Tobler wurde am 24. April 1912 geboren. Sie wuchs in einfachen Verhältnissen mit drei Geschwistern in Rheineck bzw. Herisau auf und musste schon früh im Haushalt mithelfen, wurde dann nach kurzer Schulzeit (entgegen ihren Neigungen und Interessen!) gedrängt, eine Lehre als Damenschneiderin zu absolvieren.

Später bildete sie sich noch an einer ‚Sozialen Frauenschule‘ erzieherisch aus. Verheiratet war sie mit dem Lehrer und Instrumentenbauer Christian Patt. Aus der Ehe gingen vier Töchter hervor. Von Jugend an war sie sehr belesen und schrieb regelmäßig Gedichte und Tagebuch. Zu den Wohnorten des Ehepaares Patt-Tobler gehörten St. Peter, Zug, Chur und Winterthur; nach der Pensionierung des Ehemannes dann das Bergdorf Malix (auf halbem Weg zwischen der Kantonshauptstadt Chur und dem bekannten Wintersport-Ort Lenzerheide).

‚Einfach da sein‘

So heißt eines der späten, längeren Gedichte von Leonie Patt. Man könnte es zugleich auch als Motto ihres Schreibens betrachten, und sie hat es aus gutem Grund als Titel des (im Eigenverlag 1994 herausgebrachten) Bandes gewählt, der längere Gedichte aus den Jahren 1985 bis 1994 versammelt.

Leonies treffsichere Naivität, die ich noch heute aus vielen ihrer Texte und Briefe herauslese, bedeutet durchaus nicht eine bloße Simplizität, wie mir schnell bewusst wurde, als ich ein halbes Jahr nach ihrem Tod mit meiner Familie im ehemaligen Wohnhaus der Patts in Malix einen Ferienaufenthalt verbrachte. Ihre Hausbibliothek, die ich sichten konnte, sprach in dieser Hinsicht für sich selbst und zeugte von ihren vielseitigen Interessen.

Die Abgeschiedenheit des kleinen, bündnerischen Bergdorfes bedeutete in keiner Form bei Leonie Patt eine bäuerliche Isoliertheit oder gar Beschränktheit des Weltbildes und der Lebensperspektive.

Am 23. Mai 1991 schrieb sie mir: „Die Einfachheit meiner Gedankengänge aber, das bin eben ich, und vielleicht haben die ‚Fidelbrief‘-Leser sie darum gern, weil sie sie nachvollziehen können." („Der Fidelbrief‘ hieß die von Leonie Patt über Jahrzehnte regelmäßig herausgegebene Zeitschrift mit Hintergrundwissen zu den alten Instrumenten und ihrer Spielweise. Davon wird noch die Rede sein.) Spontan muss ich in diesem Kontext an den großen Haiku-Meister Matsuo Bashō denken, der nicht umsonst empfohlen hat, gute Haiku zu schreiben, setze voraus, die Welt wie ein kleines Kind aufzunehmen: frisch, spontan und in großer Einfachheit.

Nicht nur in ihren längeren Gedichten der Spätzeit, von denen die meisten volksliedhaft einfach wirken oder aber in einer prosaischen, dem Alltag abgelauschten Sprache verfasst sind, sondern vor allem in ihren Haiku konnte Leonie ihre Erfahrungen und Erlebnisse schlicht, warmherzig und zugleich sehr pointiert auf den Punkt bringen. Zwei Beispiele mögen dies illustrieren.

Die Hunde bellen
mich an – so bin ich doch nicht
Niemand auf der Welt!

Erster Tag im Jahr.
Wind bläst alle Ritzen aus,
sauber muss es sein.

Ein Hauch des Fernen Ostens

Seit Jahrzehnten hatte Leonie Patt in ihrem Leben bereits Gedichte geschrieben, als sie im Alter von 75 Jahren die japanische Kurzlyrik und die (für Europäer so ungewohnten) Formen japanischer Partner- und Ketten-Gedichte kennenlernte.

Bereits ein Jahrzehnt vorher war sie mit dem fernen Japan und seinen Landschaften und kulturellen Besonderheiten hautnah in Berührung gekommen. Peter Kilga, ein Ingenieur und mit Leonies Tochter Katrin verheiratet, hatte von 1972 bis 1980 mit seiner Familie in Nagoya gelebt und dort beim Aufbau einer Fabrik mitgewirkt.

Leonie nahm dies zum Anlass, Katrin und ihre Familie im Herbst 1977 für vier Wochen zu besuchen. In Leonies (etwa 100 Seiten umfassenden) Reisetagebuch, welches mir vorlag, hat sie viele interessante Details und Erlebnisse notiert – vom Haiku jedoch ist darin an keiner einzigen Stelle die Rede.

Die japanischen Kurzgedichte lernte sie erst 1987 kennen und hat ihr Wissen darüber durch Kontakte mit Margret Buerschaper und Professor Carl Heinz Kurz vertieft. Die knappe Form und die Strenge der Regeln faszinierten sie und übten einen nachhaltigen Eindruck auf sie aus.

Wenn sie sich auch anfänglich noch etwas hölzern und unsicher im Bereich der Dreizeiler nach japanischem Vorbild bewegte, so erlangte sie im Verlauf der 90er Jahre eine immer größere Kunstfertigkeit in diesen Kurzlyrikformen, korrespondierte intensiv mit diversen Mitgliedern der DHG und erarbeitete sich zahlreiche Werke der Primär- und Sekundärliteratur zum Thema Haiku und Tanka.

Ihre eigenen Haiku waren jetzt nicht mehr von Abstrakta überladen und auch nicht zu sehr dozierend oder reflektierend, sondern sinnlich konkret, verhalten und so leise wie der Wind in den beiden folgenden Beispielen.

Ein leiser Windhauch.
Kirschblütenblätter fallen
auf die alte Frau.

Der Wind bläst Blatt für
Blatt vom Ginkgo-Baum. Sammle
das Gold mit Händen.

Die tägliche Begegnung mit der bäuerlichen Welt im Bergdorf Malix und der grandiosen, inspirierenden Natur der Schweizer Berge und Täler taten sicherlich das ihre dazu, viele gute Haiku in Leonies poetisches Tagebuch zu zaubern.

36

Begegnung mit Island, dem Land der Vulkane

Ihren vier ‚Maitli‘, d. h. den vier Töchtern, mit denen sie ein Leben lang eng verbunden blieb, hat Leonie es auch zu verdanken, von der Schweiz aus in entfernte Regionen der Welt zu reisen und diese zu erkunden.

Tochter Katrin, die (wie bereits erwähnt) jahrelang mit ihrer Familie in Japan lebte, hatte sie animiert, das unvergleichliche Nippon aufzusuchen und so faszinierende Orte wie den Ise-Schrein, berühmte Tempel, Steingärten und Teehäuser mit allen Sinnen zu erleben.

Auch Tochter Brigitte, die mit Pétur Lúthersson verheiratet ist und dauerhaft in Island lebt, trug auf ihre Weise zur Reiselust bei. Leonie verdankt ihr die Begeisterung für diese nordatlantische Insel mit ihren Steilküsten, kargen Landschaften sowie Feuerbergen und heißen Quellen. Viele Jahre verbrachte Leonie mit ihrem Mann Christian jeweils einige Sommerwochen in Island. Sie erkundeten das Land in Form von Rundreisen mit einem alten, für ihre Bedürfnisse umgebauten VW-Bus, kochten und schliefen im Auto fernab von den bewohnten Regionen. Christian fischte dann an den Seen oder skizzierte die Landschaft, während Leonie ihren Gedanken nachhing oder sich zu Tagebuchnotizen und Haiku inspirieren ließ.

Rüdiger Jung hat in seinen Betrachtungen zum „Dreigestirn des Bündner Haiku“ (im ‚Bündner Jahrbuch‘ 2009, Seite 61–68) darauf hingewiesen, dass diese wiederkehrenden Reiseerlebnisse in der kargen, wüstenähnlichen Isländer Landschaft bei Leonie Patt vielleicht Pate standen für Japan. „Dem Erlebnis einer Landschaft von karger Schönheit wollte sie wohl in Versen entsprechen, die selbst etwas von dieser kargen Schönheit haben.“ (ebenda, Seite 62)

Im Jahr 1990 brachte Leonie im Eigenverlag eine Sammlung von während der Island-Reisen entstandenen Haiku, Senryu und Tanka heraus, illustriert durch 18 Zeichnungen ihrer Tochter Brigitte Lúthersson-Patt.

Dieses liebenswert gestaltete Büchlein repräsentiert die Anfänge des Haiku-Schaffens von Leonie Patt. Vermutlich aus Bescheidenheit gab sie kein weiteres Buch mit Kurzgedichten nach japanischem Vorbild heraus, begnügte sich damit, jeweils zum Jahresende kleine Hefte und Mappen mit dem Haiku-Ertrag eines bestimmten Zeitraums an Verwandte und

Freunde zu schicken. Doch lassen wir zumindest zwei Beispiele der von Islands Landschaften inspirierten Haiku folgen.

Mittsommernacht. Sieh
wie rot in dunkler Lava
die Lichtnelken blühn.*

Wellen gischten hoch.
Weit, unendlich weit das Meer.
Klein am Strand der Mensch.**

*Aus einem Brief von Leonie Patt an mich vom 20.8.1992;
**Aus dem bereits erwähnten ‚Island‘-Büchlein von L.P. von 1990; Seite 11)

Stefan Wolfschütz

Das Haiku im 21. Jahrhundert, ein Mini-Essay

Ein Migrantenkind. Ehemals von der großen Insel auf ein riesiges Festland transportiert. Ohne seine Eltern. Auf die Hilfe der Menschen in seiner neuen Umgebung angewiesen. Anfangs etwas scheu. Unbeholfen in der Öffentlichkeit. Zuweilen belächelt. Doch über die Jahrzehnte in vielen Sprachfamilien groß geworden. Den Kontakt zu seinen Vorfahren nie verloren, wenngleich sie, zuweilen misstrauisch, auf die in der Fremde lebenden Kinder, Enkel und Urenkel schauen.

Nach Jahrzehnten dieser Migration ist Haiku schreiben und lesen angekommen, hat auf allen Kontinenten freundliche Aufnahme gefunden. Lebt in der jeweils vorhandenen Umgebung, in ihrer Natur, ihren sozialen Gegebenheiten und entfaltet die wundervolle Eigenart von Lyrik: Wörter können glücklich machen.

Bitte mehr Haiku, mehr solcher Wörter, Wörter, die in den Jahreszeiten aufgehoben sind, Woche für Woche Lichtblicke im Getriebe der Welt.

Aus: Haiku-Kalender 2022, S. 2. www.haiku24.de

Claudia Brefeld

Emiko Miyashita

Der Vorstand der DHG hatte sie zur Mitgliederversammlung in Traben-Trarbach (2019) eingeladen: die Direktorin der JAL Foundation, die den World Children's Haiku Contest organisiert – Emiko Miyashita. Dieser Contest findet alle zwei Jahre statt, und so war ich in gewisser Vorfreude, da ich schon zweimal in der Jury für deutschsprachige Beiträge mitgewirkt hatte, also Emiko Miyashita vom Namen her kannte. Zum Auftakt berichtete sie in ihrer sympathisch-offenen Art über die HIA und die JAL Foundation. Sehr schnell sprang der Funke des Interesses auf die Anwesenden über, und eine rege und interessierte Kommunikation entstand. Am Ende der MV stand für Emiko und mich fest, dass wir ein kleines Haiku-Austausch-Projekt über die Grenzen und Kontinente hinweg starten wollten –, und wir freuten uns beide sehr darauf.

Ihre Reise nach Deutschland war übrigens nur eines von vielen Mosaiksteinchen in ihrem „bewegten" Leben, denn von Kindesbeinen an bis heute ist sie in vielen Ländern unterwegs gewesen.

Emiko Miyashita wurde 1954 in Fukushima geboren. Ihre Mutter, Hiroko Minami, hatte schon im jugendlichen Alter mit dem Haiku -Schreiben begonnen, eine Passion, die sie wiederum von ihrem Vater hatte, der ebenfalls Haiku-Dichter war. Diese Leidenschaft begleitete sie ihr gesamtes

Leben bis ins hohe Alter von weit über 90 Jahren. Emikos Vater, Kazu-mori Minami, war Forscher an der Fukushima Medical School in Fukushima, Japan. Im Jahr 1959 erhielt er ein Fulbright-Stipendium und nahm seine Familie mit, um an der University of Illinois in den USA zu studieren. Später leitete er als Assistenzprofessor der FMS ein medizinisches Forschungsteam, das von der japanischen Regierung auf Anfrage der ghanaischen Regierung 1969 entsandt wurde.

So kam es, dass Emiko ihre Kindheit zuerst in Fukushima (Japan), dann in Urbana (USA) und in Accra (Ghana) und wiederum in Fukushima verbrachte. Ihre Schulzeit begann in Urbana, sie besuchte dort einen örtlichen Kindergarten und im Anschluss daran die Lincoln Elementary School, kehrte nach Fukushima zurück, ging dort auf die örtliche Grundschule und danach auf die Junior High School. Später wechselte sie zur Ghana International School, kehrte für die High School-Ausbildung erneut nach Fukushima zurück, um dann später nach Kyoto zu ziehen und an der Doshisha University zu studieren. Dort gehörte sie der Abteilung für englische Literatur an. Ihr Studium fiel in die Zeit der Studentenbewegung, sodass der Unterricht nicht immer vollständig angeboten wurde. Es gab also viele Gelegenheiten, durch die Straßen der alten Stadt Kyoto zu streifen und sie zu erkunden, wie Emiko selbst von sich berichtete.

Ihren Mann Susumo lernte sie an der Universität kennen, und nach ihrem Abschluss heirateten sie, lebten ein Jahr in Nagano, dann in Kawaski, um 2014 nach Tokio zu ziehen. Ihre beiden Kinder sind inzwischen längst erwachsen, und zur großen Freude ist sie Großmutter von drei kleinen Mädchen. Ihr Mann leitet ein Antiquitätengeschäft in Ginza, Tokio und hat sich auf Teezeremonie-Utensilien und verwandte Kunst spezialisiert. Während er das Laufen und Triathlon als Hobbies für sich entdeckte, widmete Emiko sich ihren Haiku-Aktivitäten, wann immer es ihre Zeit zuließ. Und das heißt, dass sie seit nunmehr über 28 Jahren intensiv Haiku schreibt!

1993 begegnete sie zum ersten Mal Akito Arima (1930–2020), der damals Präsident der Universität Tokio war, da sie von einer seiner Studentinnen gebeten wurde, am ersten Kukai seiner neuen Zweiggruppe in Kawasaki teilzunehmen. Emiko erinnert sich:

„Ich muss sagen, dass es Dr. Arimas Persönlichkeit bzw. die Art und Weise, wie er seine Kukai leitete, war, die mich dazu brachte, bei der Gruppe zu bleiben und mehr über Haiku zu lernen. Mit einem Wort: Es war so interessant! Eigentlich sollte ich wohl der Studentin danken, die mich gebeten hatte, dem Kukai beizutreten. Sie wollte Dr. Arima nicht enttäuschen, weil sie nicht anwesend war. Aber es war Dr. Akito Arima, der mir die Tür zum Haiku öffnete!"

So schrieb Emiko ihre ersten japanischen Haiku im Februar 1993 und vier Jahre später dann auch englischsprachige Haiku. Sie war und ist bis heute dem traditionellen Stil verbunden und steht damit in der Tradition ihres Haiku-Lehrers, Akito Arima, dessen Haiku-Meister Seison Yamaguchi war, der wiederum seine Ausbildung direkt von Takahama Kyosh erhielt. Die Haiku-Steine der beiden alten Meister, die ebenfalls Professoren an der Universität Tokio waren, stehen übrigens an der Universität am Ufer des Sanshiro-Teichs. Und man ahnt, dass es für Emiko eine besondere Ehre war, die Haiku-Tradition im Sinne dieser Meister zu erlernen. Emiko fügt hinzu:

„Ich bin immer noch auf dem traditionellen Haiku-Weg. Seit ich jedoch 2009 Dr. Akira Omina (1929–2018) von der Shin (Dawn) Haiku-Gruppe in Nara kennengelernt habe, hat sich meine Art des Haiku-Schreibens allmählich dahingehend verändert, dass ich dem *kigo* heute mehr Bedeutung beimesse."

Da es in Japan Brauch ist, nach jedem Kukai ein gedrucktes Kukai-Ergebnis zu erstellen, erschien ihr erstes gedrucktes Haiku im März 1993, und es sollten noch viele folgen. Dabei blieb es natürlich nicht, im Laufe der Zeit nahmen die Aktivitäten von Emiko Miyashita zu, und so ist sie heute Mitglied der Association of Haiku Poets, der Haiku International Association und von Haiku Canada. Außerdem gehört sie der Shin-Haiku-Gruppe an und organisiert die Ginza Poetry Society, das monatliche Kamon Kukai und das monatliche ESUJ Charity Kukai. Zudem hat sie folgende Ämter inne:

– Exekutivdirektorin der English-Speaking Union of Japan, die den ESUJ-H veranstaltet,
– Direktorin der JAL Foundation, die den World Children's Haiku Contest organisiert,

- Ratsmitglied der Haiku International Association, wo sie für mehrere Programme auf der Website verantwortlich ist,
- Sekretärin der Association of Haiku Poets,
- Dojin (leitendes Mitglied) der Shin-Haiku-Gruppe.

Und weiter erfährt man von ihr:

„Seit 1997, als die Haiku-Delegierten aus Nordamerika zur zweiten HIA-HAS-Konferenz nach Tokio kamen, lernte ich Haiku-Dichterinnen und -Dichter aus den USA und Kanada kennen. Im selben Jahr überquerte ich den Pazifik, um an der Haiku-Nordamerika-Konferenz in Portland, USA, teilzunehmen, wo ich weitere Haiku-Dichterinnen und -Dichter traf. Die Teilnahme an HNA- und HSA-Treffen, an der Konferenz der Britischen Haiku-Gesellschaft, mein offizieller Besuch in Indien als Haiku-Delegierte im Jahr 2007, die Konferenzen von Haiku Canada, die Konferenz der Schwedischen Haiku-Gesellschaft im Jahr 2018, die DHG-Konferenz im Jahr 2019 usw. haben zu einer wunderbaren persönlichen Freundschaft mit vielen Haiku-Dichterinnen und -Dichtern geführt. Auch für eine Serie auf der HIA-Website habe ich Dichtende im Iran, Bulgarien, Kroatien, den Niederlanden, Finnland, Trinidad und Tobago und Rumänien interviewt. Die meisten Absprachen und Kontakte sind über das Internet zustande gekommen."

Ihre Haiku erscheinen regelmäßig in der Zeitschrift Shin. Außerdem wurden viele in Modern Haiku, Simply Haiku (USA), Hermitage (Rumänien) usw. veröffentlicht – um nur einige Beispiele zu nennen. Sie hat bei vielen Haiku-Anthologien mitgewirkt und zusammen mit Lee Gruga mehrere Bücher übersetzt. Eines der bekanntesten ist:

Einstein's Century: Akito Arima's Haiku, Brooks Books, USA, 2001 (Einstein's Century wurde 2002 mit dem Merit Book Award für Übersetzungen der HSA ausgezeichnet).

Zum Abschluss möchte ich noch einmal Emiko zu Wort kommen lassen. Und ich meine, es sagt mehr aus, als eine lange Liste von Veröffentlichungen etc. es je ausdrücken könnte:

„Ich denke, Haiku ist nicht nur ein Gedicht, sondern ein Lebensstil. Ich versuche, etwas Neues zu finden, das gestern in meinem Alltag noch nicht da war. Zum Beispiel eine grüne Raupe, die ich heute Morgen an unserem jungen Olivenbaum gefunden habe, oder der Geruch von duftenden Oliven in der

Luft. Allein diese Veränderungen zu bemerken, kann mein Leben so glücklich machen. Wenn ich ein Haiku über sie schreiben kann, ist das ein Geschenk!"

Ganz herzlichen Dank, liebe Emiko!

green soybeans	grüne Sojabohnen
about to boil . . .	kurz vor dem Kochen . . .
a ringtone	ein Klingelton
a valley wind	ein Talwind
thatched roofs float	Strohdächer schweben
above the ripening rice	über dem reifenden Reis
swelling in the wind	aufblähend im Wind
the lace curtains	die Spitzenvorhänge
fresh from the washing machine	frisch aus der Waschmaschine
big black eyes	große schwarze Augen
looking skywards	blicken himmelwärts
a shelled cicada wiggling	in ihrer Hülle zuckt eine Zikade
the sunflower	die Sonnenblume
into seeds	in die Samen hinein
the husband's yawn	das Gähnen des Ehemanns
a buzz	ein Summen
joined by another	ein weiteres gesellt sich dazu
snowbell blossoms	Styraxbaumblüten*
railroad crossing	Bahnübergang
red poppies	rote Mohnblumen
run to seed	verwildern
slotting the button	den Knopf
into the top hole	in das obere Loch stecken
hollyhocks	Stockrosen

by green
plastic clothes-peg
a fallen cicada

wegen der grünen
Plastik-Wäscheklammer
eine gefallene Zikade

青蔦の白壁息をするごとく

aotsuta no / shirakabe iki o /

suru gotoku

like breathing . . .
the young ivy leaves
cover the plaster wall

wie ein Atemzug . . .
die jungen Efeublätter
bedecken die verputzte Wand

* Japanischer Schneeglöckchenbaum (Botanischer Name: Styrax japonicus)

... dorthin, wo wir saßen
am Randes des Wassers

am Rande des Wassers
meine Augen, meine Gedanken
folgen den Wellen ...

Foto: Paul Bernhard und Tanka: Claudia Brefeld

HaiQ

von Claudia Brefeld und Thomas Opfermann
(Wir freuen uns auf Ihre Beiträge. Bitte an: haiq@haiku.de)

Renate Straetling lässt uns in ihrem folgenden Beitrag an ihren „**Überlegungen zum Haiku und den heutigen Neologismen des digitalen Lebens**" teilhaben:

„In SG 131 ging es um experimentelle Formen, in SG 132 und SG 133 um das Leben mit der Pandemie, für die es viele neue treffende Wörter gibt, da allerorten Ausdrücke lebendig, gar im Stress der medizinischen Hilfe verwendet werden.

> sms
> mein tippfehler umrundet die welt
> > Haiga von C. Blumentrath, in: www.haiku-heute.de (Juli 2021)

oder vielleicht

> breaking news
> Tippfehler eilt um Erde
> Alarmbereitschaft!
> > Renate Straetling

Anschaulicher als diese Haiku, die sich auf mobile Kurznachrichten SMS mit einer weltweiten Reichweite beziehen, kann man die um sich greifende und ergreifende Wirkung kommunizierter Haiku kaum beschreiben.

Damit sind wir bereits bei einem der wesentlichen Aspekte des Haiku, das aus dem authentischen, aktiven Leben entspringt, und der Dichtende – sich in medias res befindend – die sprachliche Umsetzung zu diesem Zeitpunkt nicht zutreffender fassen kann, weil die Situation anders proportioniert ist als in der traditionellen Sprache darstellbar.

Und kann und soll eine neue Wortschöpfung gerade deshalb nicht in die kurzlyrische Dichtkunst Eingang finden – oder muss sie sich sogar Zutritt verschaffen? Wie stehen wir zu diesen Neologismen, die sich allerorten und auch aus anderen Sprachen, vor allem dem IT-nahen Amerikanischen entlehnt, in der Literatur verbreiten und vermehren und sich mit einer dem Zeittakt des Internets bemessenen Ausbreitungsgeschwindigkeit regelrecht überschlagen? Und kribbelt es nicht jedem in den Fingerspitzen, mit diesen pfiffigen neuen Wörtern zu spielen?

Durch die Pandemie und die in allen Ländern praktizierten Lockdowns zur Eindämmung der Ansteckungsgefahren durch das blind übergreifende Corona-Virus angestoßen, verwenden die Menschen und auch die Haiku-Dichtenden weltweit öfters als zuvor das World Wide Web, Videokonferenzen und für die kontaktlosen Beziehungen und Verbindungen die E-Mail-Sendungen, sodass Neologismen sich noch schneller durchsetzen. Die Wege der Sprache bieten mit selbsterklärenden, umfassenden Wörtern (Inzidenz, Schnelltest, Lockdown, Hamsteritis, Abstandsgebot, u. v. m.); laut IDS (Leibniz-Institut für Deutsche Sprache) sind es im November 2020 bereits 1.000 neue Wörter (wie z. B. Inzidenz, Schnelltest, Lockdown, Hamsteritis, Abstandsgebot), die im Großen und Ganzen diese erstmalige und besondere Situation schnell kommunizierbar machen. Diese neuen Wörter machen die Last erträglicher, und die Haiku, die dies in Dichtkunst ausdrücken, geben zum Beispiel Mitempfinden wie dieses:

der erste Geburtstag meines Sohnes
 ich drücke den Aufnahme-Button
in Zoom
   Maya Daneva in: SG 132 / HaiQ

Ohne Ortsangabe –
den Grabstein des Vaters
auf facebook gefunden
   Renate Straetling, in: Meine Haiku XI (2021)

Gewöhnungsbedürftig ist sicherlich die Verwendung von nicht geläufigen Akronymen, IT-entlehnten Begriffen und (teilweise) eingedeutschten Amerikanismen, zumal ein dem Haiku traditionell wesenseigener Naturbezug indirekt oder nur noch sehr vermittelt fühlbar wird. Der Komplex Kommunikation, der Menschheit schon immer grundlegend eigen und im Anthropozän zu neuem Superlativ ausgebildet, findet in unserer Zeit neue Prioritäten, die digital realisiert werden und analog das Leben und viele Momente umkrempeln oder formen werden. Die Meldungen im Internet sind aus allen Zeiten und Jahreszeiten zusammengewürfelt, die Fotos der Bildschirmschoner kommen und gehen unabhängig von natürlichen saisonalen Erscheinungen der Welt, und ein Wort für diese digitale Melange, in der kein Kigo auf Anhieb richtig ist, muss meiner Ansicht nach noch erfunden werden!

Empfinden wir uns in diesen web-basierten, überplanetarischen Dimensionen eher als Astronaut oder noch als Erdenbewohner, denn immer noch bietet das Haiku einen Gedanken, der in einem Atemzug ein kurzlyrisch erweitertes Weltbegreifen darbietet! Ist Kauderwelsch-Haiku die Perspektive? Wird mit jedem sprachlichen Highlight des IT-Geschehens ein Zappai-Trend (zap für Pep) wie in den USA werden, eine Welle von ‚Wortwitzprodukten‘, wie es im Jahr 2012 K.-D. Wirth in SG 91 beschreibt?

Was aber sind die ästhetischen Prinzipien, denen auch ein durch heutige Lebenswelten erweitertes modernisiertes Haiku genügen muss? Die Regeln sind auch unabhängig von einem Naturbezug gültig, was durch verschiedene Genres und das Muki Haiku belegt ist. Ich bin da sehr optimistisch, denn die Neologismen werden gefühlvoller und passgenauer einfügbar sein in zukünftige Lebenswelten, da sie geladener sein werden durch die gelebten und geteilten Erfahrungen.

Meiner Auffassung nach sollte das HaiQ bzw. das Neologismen enthaltene Haiku die Regeln wie 5-7-5 und die Regeln der Spannung und Bewegtheit durch den dritten Vers beibehalten. Selbst Matsuo Bashō (1644–1694) forderte mit der Haiku-Komponente ‚Atarashimi‘ die Einbeziehung des Neuen in das Haiku, die Inklusion des Kreativen, das Aufnehmen neuer Perspektiven. (D. Tauchner in SG 97)“

Wie sehen Sie diese Thematik? Senden Sie uns gerne Ihre Gedanken, weiteren Ideen und Fragestellungen, auf dass eine rege Diskussion angestoßen wird!

Saskia Ishikawa-Franke greift noch einmal den Bereich des visuellen Haiku auf:

Überm wei   ten
***** Himmel
Grillen grillen.

NICHT $ sammeln,
nicht sich <>,(),
sich ö F F N E   N.

Weltweit
Vakzin, $ teilen. In Frieden
den VOLL O beschaun.

Hab' 8
ein 1000 Füßler naht, zeig'
ihm Stolpersteine.

Aus der # schöpfen,*
mehr Licht bringen
für Alle.

*# = japanisches Zeichen für <Quelle>

Für die kommende Ausgabe möchten wir wieder ein neues Thema vorstellen und Sie einladen, sich mit der Onomatopoesie, d. h. der „Klangmalerei" zu beschäftigen. Dieses Stilmittel ist nicht neu, hat es im Haiku doch schon eine lange Tradition, z. B. bei Saikaku Ihara (1642–1693): kokoro koko ni / naki ka nakanu ka / hototogisu. In der deutschen Übersetzung „ganz nah hier bei mir / ruft da wer oder auch nicht? / der Bergkuckuck"[1] geht dabei allerdings die lautmalerische Komponente verloren. Neben der Nachahmung von Tierstimmen lassen sich letztlich alle Geräusche mit Hilfe der Onomatopoesie darstellen.

„Viele Lautmalereien leiten sich […] aus einem Wort ab, meist aus dem Stamm eines Substantivs oder Verbs. ‚Klirr', ‚Zisch' oder ‚Knirsch' lassen sich auf die Verben ‚klirren', ‚zischen' und ‚knirschen' zurückführen. Hier besteht

---

[1]Wirth, Klaus-Dieter: Der Ruf des Hototogisu. Grundbausteine des Haiku Teil I. München: Allitera Verlag 2019, S. 122.

die Verbindung zu etwas, das wir hören können. ‚Zischen' beispielsweise erinnert an das Geräusch, das man beim Öffnen einer Flasche [mit] Wasser hört, das Kohlensäure enthält."[2]

Ein bisher im Haiku weniger vertretene Ausdrucksmöglichkeit für Geräusche ist die Comic-Sprache. „BOOOM!" oder „WHAM!" sind Beispiele, die vor allem aus Superheldencomics bekannt sind."[3]

Weitere Beispiele sind:

„Holterdipolter stöhn wumm päng
krach klirr knirsch* rumms *
ächz schepper dideldum schluck
würg (klingeling↑schwuppdiwupp
platsch # kicher schluchz blubb-
blubb♣knacks meditier ritzeratze•
tripptrapp plop blrks bimbam würg
schnippschnapp! zack zosch niärk
dingdong bumm piffpaff schnarch"[4]

Lassen Sie sich also für die nächste SOMMERGRAS-Ausgabe zu Haiku mit lautmalerischen Ausdrücken der Comic-Sprache inspirieren (weitere Ideen finden Sie z. B. unter **https://www.labbe.de/blog/Comicsprache**). Oder hat Comic-Sprache aus Ihrer Sicht nichts im Haiku verloren? Gerne nehmen wir Ihre Pro- und Contra-Argumente auf.

Schreiben Sie uns Ihre Rückmeldungen. Wir freuen uns auf Ihr Feedback, Ihre Anregungen, Fragen, Vorschläge, Lob, Kritik oder auch weitere Themenwünsche!

---

[2]Friedrich, Ute: Uff! Booom! Zack! Peng! Zisch!. URL: https://www.dw.com/de/uff-booom-zack-peng-zisch/a-17274370 [19.10.2021]
[3]Ebd.
[4]Goethe-Institut: Sprachliche Besonderheiten.
URL:https://www.google.com/url?sa=t&rct=j&q=&esrc=s&source=web&cd=&ved=2ahUK
EwjBveDgkdbzAhW2gf0HHf_OAGkQFnoECDUQAQ&url=https%3A%2F%2Fwww.goet
he.de%2Fresources%2Ffiles%2Fpdf98%2Fsprachliche-besonderten.pdf&usg= AOvVaw2r
DW2x7TuIbj2N7gBAm4dK [19.10.2021].

sein Fenster w e i t geöffnet
Für Elise weht
die Straße entlang
hinter jeder Gardine
ein Lächeln

Foto: Paul Bernhard und Tanka: Claudia Brefeld

Auswahlen

Die Haiku- und Tanka-Auswahl Dezember 2021

Es wurden insgesamt 226 Haiku von 80 Autoren und 68 Tanka von 29 Autoren für diese Auswahl eingereicht. Einsendeschluss war der 15. Oktober 2021. Diese Texte wurden vor Beginn der Bewertung von mir anonymisiert.

Jedes Mitglied der DHG hat die Möglichkeit, eine Einsendung zu benennen, die bei Nichtberücksichtigung durch die Jury auf einer eigenen Mitgliederseite veröffentlicht werden soll.

Eingereicht werden können **nur bisher unveröffentlichte Texte** (gilt auch für Veröffentlichungen in Blogs, Foren, einschließlich der Foren auf HALLO HAIKU, in sozialen Medien und Werkstätten etc.).

Bitte keine Simultan-Einsendungen!

Bitte **alle** Haiku/Tanka <u>unbedingt</u> gesammelt in einem Vorgang in das Online-Formular auf der DHG-Webseite HALLO HAIKU selbst eintragen:

https://haiku.de/haiku-und-tanka-auswahl-einreichen/

Ansonsten per Mail an: auswahlen@deutschehaikugesellschaft.de

Der nächste Einsendeschluss für die Haiku-/Tanka-Auswahl ist der **15. Januar 2022.**

Jeder Teilnehmer kann bis zu **sechs** Texte – **drei** Haiku und **drei** Tanka – einreichen.

Mit der Einsendung gibt der Autor/die Autorin das Einverständnis für eine mögliche Veröffentlichung in der DHG-Haiku-Agenda, auf http://www.zugetextet.com, sowie für eine mögliche Vorstellung auf der Website der Haiku International Association.

Haiku-Auswahl der HTA

Die Jury bestand aus Frank Dietrich, Sylvia Hartmann und Ramona Linke. Die Mitglieder der Auswahlgruppe reichten keine eigenen Texte ein.

Alle ausgewählten Texte – 30 Haiku von 23 Autoren – werden in alphabetischer Reihenfolge der Autorennamen veröffentlicht. Es werden maximal zwei Haiku pro Autor aufgenommen.

„Ein Haiku, das mich besonders anspricht" – unter diesem Motto besteht für jedes Jurymitglied die Möglichkeit, bis zu drei Texte auszusuchen (noch anonymisiert), hier vorzustellen und zu kommentieren. Diesmal wurde ein Text ausgewählt.

Da die Jury sich aus wechselnden Teilnehmern zusammensetzen soll, möchte ich an dieser Stelle ganz herzlich alle interessierten DHG-Mitglieder einladen, als Jurymitglied bei kommenden Auswahl-Runden mitzuwirken.

Peter Rudolf

Ein Haiku, das mich besonders anspricht

aus Nachbarsgarten
heute ein freundliches Nicken
Sonnenblume
    Elisabeth Weber-Strobel

Obwohl ich weiß, dass für ein Haiku der Bezug zur Natur wichtig ist, mag ich Haiku, die unsere menschliche Umwelt mit einbeziehen, vielleicht weil ich mein Leben lang in der Stadt gelebt habe und die Natur da manchmal ganz schön weit weg ist. Dieses Haiku bringt beide Themenbereiche auf gelungene Weise miteinander in Verbindung.

Viele Städter legen sich, wenn sie keinen Garten am Haus haben, aus Sehnsucht nach der Natur einen Kleingarten zu. In der Zeit der Corona-Pandemie ist die Nachfrage danach noch einmal deutlich gestiegen.

Manche genießen nicht nur den Kontakt zur Natur, sondern auch die menschlichen Kontakte in solch einer Kleingartensiedlung. Aber es gibt auch erbitterte Streitigkeiten zwischen Gartennachbarn, um Zweige, die über den Zaun wachsen, Lärmbelästigung und unterschiedliche Vorstellungen von Ordnung. Die können so weit gehen, dass man nicht mehr miteinander spricht und sich nicht einmal mehr grüßt.

Vielleicht spricht das Haiku aus einer solchen Erfahrung heraus. Die Sonnenblume, für mich ohnehin eine Blume mit einer positiven Ausstrahlung, schert sich aber nicht um menschliche Sympathien oder Antipathien. Ihr Nicken gilt beiden, dem, der sie gepflanzt hat, genauso wie seinem Nachbarn. Ihre freundliche Ausstrahlung über den Zaun hinweg lässt hoffen, dass über der gemeinsamen Freude an der Natur hier und da verstummte Gespräche zwischen Nachbarn wieder aufleben.

Ausgesucht und kommentiert von Sylvia Hartmann

Die Auswahl

erster Kuss
nur das Mondlicht
zwischen uns
Mona Bedi

Grabbesuch …
ihr Blick lehnt sich
an mich
Claudia Brefeld

Eiszapfen
immer dünner und dünner
unsere Freundschaften
Maya Daneva

Horchen auf den Wind:
die Melodie des Meeres
in Föhrenwipfeln.
Thomas Berger

regennasses Fenster
mein Gesicht starrt
durch mich hindurch
Claudia Brefeld

Kirchentür schließt sich …
das Licht der Kerze
richtet sich wieder auf
Maya Daneva

Nächtlicher Stromausfall –
aufs Neue
die Sterne bestaunen.

Reinhard Dellbrügge

Feuer im Kamin
hinter dem Vorhang die Welt
vergessen

Wolfgang Gründer

herbstnacht –
das rascheln
der sterne …

Ruth Guggenmos-Walter

Schneesturm –
der träge Pulsschlag
des Perpendikels

Klaus Kornexl

Museumsbesuch
bewohne eine Weile
Klees Villa R

Ruth Karoline Mieger

ein altes Handy
Kontakte,
die nur Namen sind

Kamil Plich

Das ewige Eis
der Alpengletscher –
in die Zeit gefallen

Sabina Ptascheck

Schreibtisch im Kloster.
Vor einer weißen Wand summt
die Stille.

Volker Friebel

wir müssen reden
ich schließe das Fenster
es wird still

Wolfgang Gründer

frühherbst
die amsel moduliert
unseren grundton

Matthias Gysel

Brachland –
deine Disteln
mein Mohn

Udo Mansfield

Nachsaison
die Menschen am Strand
grüßen sich wieder

Eleonore Nickolay

Prasselnder Regen
eine einzelne Amsel
stört sich nicht daran.

Maximilian Pohl

Herrenausstatter –
im Windfang
ein leerer Schlafsack

Sabina Ptascheck

Winteranfang
Deine letzten Worte
glühen noch immer
Renate Maria Riehemann

im Wald verschwinden
unter dem Gewicht des Schnees
die Brombeerranken
Marie-Luise Schulze Frenking

Regentag –
im Vorbeigehen
dein Lächeln
Angelica Seithe

aus Nachbarsgarten
heute ein freundliches Nicken
Sonnenblume
Elisabeth Weber-Strobel

ein Fisch
bringt den Mond
ins Wanken
Friedrich Winzer

Herbstblues
ein Specht klopft
den Takt
Evelin Schmidt

die kleine Blume
am Fuße des Bergfrieds
wie sie leuchtet
Angelica Seithe

raureif
von den linden löst sich
das licht
Helga Stania

drei Tage vermisst
stolziert sie an mir vorbei
die alte Kätzin
Elisabeth Weber-Strobel

Sonntag
auch der Nebel
bleibt liegen
Friedrich Winzer

Tanka-Auswahl der HTA

Martin Thomas und Silvia Kempen wählten 8 Tanka von 7 Autoren aus. Alle ausgewählten Texte werden in alphabetischer Reihenfolge der Autorennamen veröffentlicht. Es werden maximal zwei Tanka pro Autor aufgenommen.

„Ein Tanka, das mich besonders anspricht" – unter diesem Motto besteht für die beiden Jurymitglieder die Möglichkeit, bis zu drei Texte auszusuchen (noch anonymisiert), hier vorzustellen und zu kommentieren. Diesmal wurden zwei Texte ausgewählt.

Ein Tanka, das mich besonders anspricht

du fragst mich
nach dem Sinn des Lebens
doch schau
am Ufer des Bachlaufs
Sumpfdotterblumen

Christof Blumentrath

Was ist der Sinn des Lebens? Diese Frage haben sich seit Jahrhunderten schon unzählige Menschen gestellt. Es gibt massenhaft Literatur zu diesem Thema mit vielen verschiedenen Antworten oder „Nichtantworten". Oft sehr kompliziert, aber manchmal auch sehr einfach.

Dazu möchte ich Peter Ustinov zitieren:
„Sinn des Lebens: etwas das keiner genau weiß. Jedenfalls hat es wenig Sinn, der reichste Mann auf dem Friedhof zu sein."

Es scheint wohl einfacher zu beantworten zu sein, was keinen Sinn macht. Und dennoch ist diese Antwort für manche Menschen sehr einfach, wie sich an den beiden letzten Zeilen des Tankas zeigt: „am Ufer des Bachlaufs / Sumpfdotterblumen". Für mich drücken diese Zeilen aus: Sich an den kleinen Dingen erfreuen zu können, bei ihrem Anblick ein Glücksgefühl zu erleben. Doch ist das nicht für jeden Menschen so leicht, manche tun sich schwer damit, hinterfragen alles, auch oder gerade die einfachen Antworten.

Gleichzeitig erfährt der Leser durch die beiden letzten Zeilen den Ort, an dem sich die zwei, die offenbar spazieren gehen, befinden. Dass es sich um zwei Menschen, um einen Fragenden und einen Antwortenden handelt, ist schon am Anfang des Tankas ersichtlich.

Für mich ist klar, dass die Sumpfdotterblumen blühen. Sie sind so viel auffälliger mit ihrer leuchtend gelben Farbe. Sumpfdotterblumen sind Frühblüher, blühen also im Frühling, eine Zeit neuen Wachstums und neuer Anfänge, der Jahresabschnitt, in dem alles zu neuem Leben zu erwachen scheint. Vielleicht auch eine Zeit, in der man nach dem Sinn des Lebens fragt, um es neu zu gestalten, einen neuen Anfang zu machen.

Ausgesucht und kommentiert von Silvia Kempen

Dein Blick aufs Meer
als tauche irgendwo die Mastspitze
eines Textes auf –
doch die Untiefen verschweigen
ihre blauen Träume
Angelica Seithe

Manchmal wird man von einem Gedicht magisch angezogen, ohne genau zu wissen, warum. So erging es mir bei diesem Tanka, das mich zu gleichen Teilen faszinierte, wie es mich ratlos zurückließ. Nach und nach verwandelte ich mich selbst in ein schauendes Subjekt, das voll und ganz in Kontemplation versinkt. In meinem Fall war es jedoch nicht das Meer, das sich vor mir ausbreitete, sondern ein mystisches Wortgeflecht, das ebenso groß und ungreifbar schien.

Den Ausgangspunkt dieses Fünfzeilers bildet ein „Blick aufs Meer". Dieser Blick, der vom Aussagesubjekt beim Gegenüber beobachtet wird, ist jedoch kein banaler oder flüchtiger. Im Gegenteil, das Gegenüber scheint förmlich auf der Suche nach etwas zu sein, so intensiv richtet es die Augen auf die blaue Weite, die sich vor ihm befindet. Hier überrascht das Gedicht zum ersten Mal, da es sich bei der für den Vergleich herangezogenen „Mastspitze" nicht um die eines gewöhnlichen Bootes oder Schiffes handelt, sondern um die „eines Textes".

In der zweiten Hälfte des Gedichts wird die gestiftete Verwirrung weiter geschürt. So wird das Meer nicht nur zum Agens der Handlung, sondern verwehrt dem Suchenden aus der ersten Hälfte des Textes auch noch jegliche Antworten auf die potenziell vorhandenen Fragen, indem es seine „blauen Träume" tief unter der Oberfläche verbirgt. Selten habe ich eine derart abstrakte Sprache in einem modernen deutschen Tanka gefunden, und selten hatte ich am Ende eines Gedichts so viele Fragezeichen über dem Kopf wie in diesem Fall.

Der ein oder andere Leser mag sich daher sicher fragen, ob es sich überhaupt um ein Tanka handelt. Ich persönlich sehe in dieser Gattungszuordnung kein Problem. So möchte sich das Gedicht aufgrund der gegebenen Form unweigerlich als solches verstanden wissen. Sprachlich findet sich durch die Einbindung bestimmter semantisch miteinander verbundener Assoziationswörter (*engo* 縁語) wie „Meer", „blau" und „Untiefen", die auf verschiedene Zeilen verteilt werden, darüber hinaus sogar ein Element aus der traditionellen Waka-Lyrik. Und auch auf thematischer Ebene – es geht im Grunde um die Suche eines Menschen nach Halt und Orientierung – ist das Gedicht genau da, wo es sein soll.

Ob der Grad an Abstraktheit und Offenheit, welcher bewusst provoziert wird, am Ende noch akzeptabel ist, muss jeder Leser für sich selbst entscheiden. Ich selbst hatte jedenfalls große Freude beim Lesen und musste unweigerlich an Schillers Ausführungen zum Erhabenen denken, in denen er den Anblick des Ozeans als Auslöser beschreibt, um den menschlichen Geist „der engen Sphäre des Wirklichen und der drückenden Gefangenschaft des physischen Lebens" zu entreißen. Genau dieselbe transzendierende Wirkung hatte das vorliegende Gedicht auf mich, weswegen es mich besonders ansprach.

Ausgesucht und kommentiert von Martin Thomas

Die Auswahl

du und ich
und der Klang des langsam
fallenden Schnees
die Stille zwischen uns
spricht Bände
    Mona Bedi

Neunzigster –
sie spielt ihre letzte Karte
wieder ohne Mau-Mau

die Blätter des Weihnachtssterns
zittern in der Heizungsluft
    Taiki Haijin

vor der Beerdigung
noch einmal innehalten
vor dem Elternhaus
hinter der Fassade
die guten alten Zeiten
    Wolfgang Rödig

Jahr für Jahr
den Garten gepflegt
und jetzt im Alter
wird er Woche für Woche
selbstständiger
    Friedrich Winzer

du fragst mich
nach dem Sinn des Lebens
doch schau
am Ufer des Bachlaufs
Sumpfdotterblumen
    Christof Blumentrath

Herbstmorgen –
nach dem Abschied
wieder allein
streicht er über ihr welk
gewordenes Nachthemd
    Udo Mansfield

Dein Blick aufs Meer
als tauche irgendwo die Mastspitze
eines Textes auf –
doch die Untiefen verschweigen
ihre blauen Träume
    Angelica Seithe

pfeilschnell
mit bester Haltungsnote
eingetaucht
in die glitzernde Sonne
der Eisvogel
    Friedrich Winzer

Sonderbeitrag von René Possél

René Possél hat aus den anonymisierten Einsendungen ein Haiku ausgesucht, das ihn besonders anspricht.

raureif
von den linden löst sich
das licht

Helga Stania

Bei dem Haiku haben es mir Sprachmelodie und -stil angetan. Gleich zwei Alliterationen bestimmen den Klang: das „raureif" in der ersten Zeile und die gleich anlautenden Wörter der zweiten und dritten Zeile: „linden – löst – licht".

Das Haiku schwelgt aber nicht nur im Akustischen, sondern auch im Visuellen. Da wird das Bild von mit Raureif überzogenen Bäumen = Linden beschworen. Dynamik und Spannung werden in der zweiten Zeile erzeugt: Was löst sich von den mit Eis überzogenen Linden? Indirekt wird hier auch die winterliche Jahreszeit deutlich gemacht.

Die überraschende „Auflösung" der Spannung lautet: Es ist „das Licht", das mit dem Tauen des Reifs von den Linden fällt.

Wer mag, kann in diesem Bild auch Tieferes, Dialektisches, sogar „Zeit" erkennen: Kälte und Eis, die das Licht in den gefrorenen Wassertropfen festhalten; Wärme der Sonne und des Tages, die den Raureif langsam schmelzen, damit aber gleichzeitig das Licht „vertropfen" lässt ... Ein Haiku kalter Schönheit, das laut gesprochen und aufmerksam betrachtet sein will.

Mitgliederseite

Jedes Mitglied der DHG hat die Möglichkeit, eine Einsendung zu benennen, die bei Nichtberücksichtigung durch die Jury der Haiku- und Tanka-Auswahl auf dieser Mitgliederseite veröffentlicht werden soll.

im fauteuil eingenickt
der wecker zeigt 7 uhr –
morgens oder abends?
    Sylvia Bacher

verwaiste Stühle
auf dem Laubteppich des Baums
ein Blatt segelt noch
    Eva Beylich

Haiku aus dem Innersten
ich teile es
nur mit Stift und Papier
    Stefanie Bucifal

Modeherbst
hätt ich doch nur noch
meine alten Kleider
    Hildegard Dohrendorf

Nachtschatten greifen
nach seinem Lächeln –
Abschied.
    Loretta Gaukel

der junge
schneesterne fängt
mit der zunge
    Gregor Graf

reiselust
aber dein fahrrad
lehnt noch am rosenspalier
    Claus-Detlef Großmann

pfad des fuchses
verborgen unter dem wogen
des waldschachtelhalms …
    Ruth Guggenmos-Walter

sturmtief
wir fangen sie ein
die worte
    Matthias Gysel

Mittagsspaziergang
sein fragender Blick
aus dem SUV
    Taiki Haijin

wilde Blume
eine späte Umarmung
am Waldgrab
    Claus Hansson

das Millennium
auf dem Flohmarkt verramscht
Herbstsonne
    Gabriele Hartmann

„ein tier hat in den
blauen himmel geschaut!"
enkel novalis

Bernhard Haupeltshofer

Achtzigster Geburtstag,
alte Fotos, mein Bruder
lehrt mich lesen.

Saskia Ishikawa-Franke

Morgens im Bus
der Mond
fährt mit

Petra Klingl

Die graue Katze
lauernd, zitternd am Feldrain.
Maus, jetzt springt der Tod.

Johann Reichsthaler

Schiffsschaukel
am Horizont
Meeresrauschen

Peter Rohrbeck

Haushaltsauflösung
im alten Puppenwagen
Vaters Schulatlas

Frank Sauer

kirsch-slush
kalt tropft die zuckersüße
auf das eisbärfellimitat

Annika Carmen Schmidt

fremde Nähe
wer hat deine Augen
so blau gemalt?

Angelika Holweger

zur Reife
auf die Sonne warten
die Trauben nicken

Ute Kassebaum

Eine blühende Kirsche
zu Weihnachten – kühler Wind
bewegt die Zweige

Barbara Lindner

tropische Hitze –
die lästige Fliege trotzig
mir gegenüber

Dragan J. Ristić

Wintersonne
zumindest die Diät
des Schattens erfolgreich

Cornelia Rossberg

Fische im Teich.
Sicher sind sie vor Katzentatzen …
aber nicht die Libelle!

Michael Rasmus Schernikau

Modrig duftend
schlängelt sich der Waldpfad bunt
in die Dämmerung

Angela Hilde Timm

mutter schweigt lichtzitternd das laub
  Helga Stania

Herbstmeeresrauschen
Silberbaum im weißen Sand
in den Wellen Gold.
Letzte Sonnenanbeter
sitzen noch im Dünenschutz
  Christa Wächtler

Die weiße Ente   flügelschlagend
zupft den Sommer aus   Teichhühner laufen über
dem Rasen   das Sonnenlicht
  Beate Waszner   **Klaus-Dieter Wirth**

flucht - eingewickelt
in socken
krippenfiguren

Foto: Claudia Brefeld und Haiku: Bernadette Duncan

Die Auswahl der folgenden Texte ebenso wie alle in dieser Ausgabe abgedruckten Haiga erfolgte durch Horst-Oliver Buchholz, Eleonore Nickolay, Claudia Brefeld und Thomas Opfermann.

Bei eigenen Einreichungen enthalten sich die Redaktionsmitglieder ihrer Stimme, Diskussion und Wertung.

Gerne verstärken wir unsere Jury in jeder Ausgabe um eine wechselnde Gaststimme. Wir laden alle DHG-Mitglieder ein, sich hierzu bei der Redaktion unter

redaktion@deutschehaikugesellschaft.de zu melden!
Bei allen Beiträgen (inklusive Haiga) bitte keine Simultaneinsendungen.

Haibun

Ellen Althaus-Rojas

Wie ein Ninja-Boy

… lautlos von hinten auf seinem Skateboard, den Bauch mit dem Rucksack gepanzert, zischt er an mir vorbei. Punktlandung an der Supermarktkasse – gerade noch mal gut gegangen! Knöcherne Hänselfinger fischen aus dem Rucksack Nusspli, Butterkekse und Schokostreusel. Kalter Hund, denke ich mütterlich.

> Flügge geworden
> Rabenjunges – allein
> im freien Fall

Hartmut Fillhardt

Hattenheim

Wie flüssiges Metall schimmert der Fluss. Darüber die Mondsichel, ganz schmal, wie eine Feder. Zwei Flugzeuge ziehen Schreiblinien aus goldenem Kondens ins Blau. Eine Kette Wildgänse torkelt Richtung Sonne.

Flussbiegung
Meine Gedanken fahren
Schlittschuh

Etwas später haben sich die Schreiblinien aufgelöst. An ihrer Stelle blinkt der Abendstern.

Christa Beau

Augensprache

Sie haben ihn aufgegeben, die Mediziner. Bauchspeicheldrüsenkrebs im Endstadium.
Noch vor drei Tagen lag er im Bett neben mir, hat mit mir gefrühstückt, wurde von mir geduscht und versorgt.
Heute liegt er im Krankenhaus, durch einen Port fließt Flüssigkeit mit Morphium.
„Ihr Mann reagiert nicht mehr auf uns", sagt die Krankenschwester zu mir. Er liegt mit geschlossenen Augen, wirkt teilnahmslos.
Dennoch streichele ich seine Hände, küsse die Wangen und spreche zu ihm.
Ich erzähle von unseren gemeinsamen Urlauben, von den glücklichen Momenten, die wir mit unseren Kindern verbrachten, von unserer Liebe und all dem Schönen, was es in unserem Leben gab.

„Wenn du mich hörst, wenn du weißt, dass ich, deine Christel, hier bei dir bin, dann zwinkere mit den Augen", bitte ich ihn.

Eine Sekunde vergeht, noch eine, noch eine.

Seine Augenlider bewegen sich. Dreimal blinzeln die geschlossenen Augen.

Sommerende
am Rosenstrauch noch immer
Blüten

Gabriele Hartmann

Konserven

Post. Ein gefütterter Umschlag. Ein Freund hat mir eine CD gebrannt. Tango-Variationen. Höchste Qualität. Früher haben wir Songs aus dem Radio über ein Mikrofon auf Kassetten gespeichert. Kein perfekter Klang, aber einmalig. Besonders wenn jemand ins Zimmer kam, etwas rief und der Halbsatz aufgezeichnet wurde. Die Lieder habe ich wieder und wieder gehört, ihrer Botschaft nachgespürt. Irgendwann haben sich dann die Bänder verdreht, sind verklebt, gerissen.

Milonga
was auch immer du sangst
ich erinnre mich

Christof Blumentrath

DORFENDE

Tschüss Onkel Kurt, ich muss denn mal wieder. Du weißt ja, der Kleenen gehts nich so.
Breitbeinig sitzt er über dem alten Motorrad, setzt seinen Helm auf den Kopf und lässt mit einem kräftigen Tritt auf den Kickstarter die Maschine aufheulen.
Der alte Mann vor dem Gartentor bleibt noch einen Moment stehen, schaut, auf seinen Reisigbesen gestützt, dem jungen Mann hinterher.
Blaue Wölkchen verdünnen sich im Sonnenlicht. Über das historische Kopfsteinpflaster huschen lange Schatten.
Adler 100. Baujahr 1949.
Auf ihr ist er damals mit seiner Braut zum Tanzboden gefahren.
Er fegt die letzten Gehwegplatten, die zur Veranda seines kleinen Häuschens führen.
Ein Kätzchen springt mit ihm hinein, dann zieht er leise die Tür ins Schloss.

    die Stille
    nach dem Abschied
    stiller

Ingrid Meinerts

AUF EMPFANG

Es ist Sonntagmorgen. Frühstückszeit.
Von der Straße her ertönt Gesang. Jemand singt Lieder in einer mir fremden Sprache. Ich schaue zum Fenster hinaus. Dort geht eine Frau von Haus zu Haus und verteilt schwungvoll das wöchentlich erscheinende Anzeigenblatt.

Gebannt lausche ich ihrer kraftvollen Stimme, mit der sie die sonntägliche Stille der Reihenhaussiedlung zum Strahlen bringt.

am gedeckten Tisch
ein willkommener Gast:
Lebensfreude

Eva Limbach

Ich hasse meine elektrische Zahnbürste, die mir dieses Zeitfenster von drei Minuten vorgibt. Und der Pedometer mit den 10.000 Schritten ist auch nicht mehr aktuell. Angeblich sind jetzt 8.000 Schritte das Maß aller Dinge.

Alexa!
Seit heute Morgen
siezen wir uns wieder

Haiga: Gabriele Hartmann.

Tanbun*

Sylvia Bacher, Claudia Brefeld, Brigitte ten Brink

katharsis

Tanbun-Sequenz – theater – tragödie

spotlight – in kampf und liebe treiben *Penthesilea* und Achilles aufeinander zu, reißen sich voneinander los. im müssen und sehnen kein ende finden …?

> Morgenrot
> all die toten am wegrand
> geschöpfe der nacht

leise mahnend erhebt der chor seine stimme, im publikum atemlose stille und ergriffenheit.

> ob könig ob narr
> mit dem vorhang
> fallen auch sie

ihr versagtes lässt hinter sich die ruhmbekränzte, abgestreift sind zorn und kränkung. dem irdischen entrückt kehrt *Sappho* zu den göttern heim.

> Katharsis
> was vom leben übrigbleibt
> nach schuld und sühne

CB: 1, 4 / SB: 2, 5 / BtB: 3, 6

69

Sylvia Bacher, Claudia Brefeld, Brigitte ten Brink

verwirrung

Tanbun-Sequenz – theater – komödie

zwiegestalt verwirrung stiftend, legt auch noch ein kuckucksei der götter-
vater. ob *Amphitryon* das lustig findet?

> Szenenwechsel
> die hauptfigur noch immer
> ahnungslos

oh weh, oh weh, ständig glaubt Argan zu sterben. was ist echt, was einge-
bildet oder gar geheuchelt?

> er hat den durchblick
> der pillenverschreiber und
> stößt sich gesund

mit knurrendem magen tritt Truffaldino die stelle bei Florindo an. wenn
das nur gut geht! kann dieser flunkerer zwei herren gerecht werden?

> welch durcheinander …
> in der hand des wirtes
> versilbertes schweigen

SB: 1, 4 / BtB: 2, 5 / CB: 3, 6

---

*Der Begriff Tanbun wurde 1997 von Larry Kimmel kreiert und bezeichnete ein Haibun
mit einem sehr kurzen Prosateil, dem ein Haiku oder ein Tanka vorangestellt wird oder
dem Prosatext folgt. Ursprünglich wurde es Tibun genannt, was so viel wie „kleines
Haibun" bedeutet.

Tan-Renga

Christof Blumentrath und Gabriele Hartmann

aus der Tiefe

es war einmal …
an meinen Fingern der Duft
alter Bücher

die dritte Generation
spielt Räuber & Gendarm

Frühlingserwachen
aus der Tiefe des Komposts
das gute Messer

hat Wurzeln geschlagen
meine Nachbarin im Schaukelstuhl

frische Blumen
ihre Schönheit einen Tag
oder zwei

Papierbirken – morgen
werde ich dir schreiben

CB 1, 3, 5 / GH 2, 4, 6

Gabriele Hartmann und Christof Blumentrath

verschmelzen

letzter Sommermond
unsere Schatten
verschmelzen

wie er mich wärmt …
dein Atem

Ikebana
zwischen Erde und Himmel
fehlt eine Leiter

von fern erklingt
Over The Rainbow

wachsende Spuren
keiner verliert
ein Wort

das junge Paar
versinkt im roten Plüsch

GH 1, 3, 5 / CB 2, 4, 6

Ingrid Meinerts und Gabriele Hartmann

versinken

summer's end blues
ich versinke
im Blau

sein Blick gewinnt
die Oberhand

Wind in den Weiden
das Blatt unter der Feder
bleibt weiß

es dämmert ihm
seine Verletzlichkeit

Farbenrausch
verblassende Blätter
erwarten den Herbst

ein Beaujolais – der neue
Nachbar & mein zweites Ich

IM 1, 4, 5, / GH 2, 3, 6

Gabriele Hartmann und Ingrid Meinerts

vertiefen

einsetzender Regen
wir vertiefen
das Schweigen

Sonnenblumen
senken die Köpfe

golden fields
brachliegend – Lieblingsplätze
von Krähen besetzt

in Gedanken noch einmal
mit dir am Baggersee

der Espresso danach
ein Löffelchen Zucker teilt
den Schaum

Nachtschatten, bittersüß
im alten Kräutergarten

GH 1, 4, 5 / IM 2, 3, 6

Horst Ludwig und Sonja Raab

weisse vorhänge
wehn aus der alten villa
und klaviermusik / SR

Im Tipi Trommelschlagen
zum Wintersingen des Winds / HL

Claus Hansson und Ilse Jacobson

was es war –
Sonne und Sommerregen leise
wir im Licht / IJ

Welle werden
und wieder Meer / CH

Rengay

Sylvia Bacher, Christof Blumentrath und Gabriele Hartmann

Hogwarts Eulen

Tauwetter
Mond und Sterne
rutschen vom Dach

ins Lied der Spieluhr
ein Weinen gemischt

emsiges Treiben
hinter verschlossener Tür
Duft von Kerzen

das Medium hebt
den Zeigefinger

am Rande
des Universums kreisen
Hogwarts Eulen

scharfer Wind kommt auf
mit Laub fallen auch Federn

CB 1, 4 / GH 2, 5 / SB 3, 6

Sylvia Bacher, Christof Blumentrath und Gabriele Hartmann

Schellackschätzchen

Kufen gleiten
übers Eis kreisen
tiefe Furchen

die Karusselleisenbahn
heute führerlos

in der Allee
zwei Damen in Rot
tanzen Tango

vom Wirbelwind aufgescheucht
Rabengekrächze

durchs Treppenhaus
das feine Knistern von
Schellackschätzchen

zarte Flocken
wir lassen uns fallen

SB 1, 4 / CB 2, 5 / GH 3, 6

Rezensionen/Besprechungen

Klaus-Dieter Wirth

Augenblicke, die nicht verblassen

Wolfgang Gründer: Augenblicke, die nicht verblassen – Haikus dichten – Pragmatisch betrachtet, Rotkiefer Verlag, Berlin 2021, 51 Seiten, Softcover, 19 x 12,5 cm, ISBN: 978-3-949029-08-0

Zunächst ist sehr zu begrüßen, dass es dem Rotkiefer Verlag in Berlin trotz aller Schwierigkeiten, die die Pandemiezeit mit sich gebracht hat, nunmehr gelungen ist, die Lücke, die der Hamburger Haiku Verlag hinterließ, zu schließen. Als exklusiver Haiku-Verlag mit Veröffentlichungen aus den Bereichen Dichtung, Ratgeber und Fachbuch ist sowohl an Monografien, Anthologien, Heftreihen und Kalender gedacht. Dazu unterhält man einen eigenen Shop.

Das Cover des hier zur Besprechung anstehenden Büchleins zeigt, dass man offenbar auch um eine optisch ansprechende Gestaltung besonders bemüht ist. Jedenfalls erzeugt die Einrahmung des hellgrauen Untergrunds einmal durch den vom oberen Bildrand herabhängenden Zweig einer japanischen Zierquitte mit seinen roten Blüten und zum anderen durch ein sauber zentriertes, dunkelbraunes Tempelchen mit zarter Spiegelung im unteren Drittel eine unmittelbare, aber dezent auf das Thema hinweisende Wirkung, ausgeführt von Stephanie Mattner unter Zuhilfenahme eines Fotos von Elina Li (shutterstock.com).

Auch der Autor, Wolfgang Gründer, weist mit seinem Untertitel gleich auf das hin, was den Leser erwartet: ein Ratgeber. Das Inhaltsverzeichnis liefert sodann die spezifizierten Antworten:

– Wie ich zum Haiku kam
– Haiku – ein wenig Theorie
– Ein praktisches Beispiel
– Pragmatische Aspekte

- Das Spiel mit Sprache und Struktur
    - Wortarten und -formen verändern
    - Erreichen der 5-7-5-Form als Übung
    - Synonyme – Wortersetzungen
    - Reduzierungen in der Formulierung
    - Zeilen als Strukturelement
      - Zeilentausch
      - Zeilenwechsel einzelner Wörter
- Haiku schreiben – ein Resümee

Und es wird nicht zu viel versprochen! Der Autor behandelt alle Sujets in knapper, klarer Sprache jeweils anhand von Beispielen und zieht dabei – ausgesprochen lobenswert – auch denkbare Varianten mit ihren daraus entstehenden jeweiligen Veränderungen im Rhythmus und Charakter bzw. Schwerpunkt der Aussage erläuternd in Betracht. Dabei wird immer der Leser direkt angesprochen und in die Erwägungen mit einbezogen. Allemal feinsinnige Analysen, die nicht nur der Rat suchende Haiku-Einsteiger dankbar entgegennehmen wird, sondern auch der fortgeschrittene Liebhaber zur weiteren Justierung seiner Grundvorstellungen von dem, was ein überzeugendes Haiku letztlich ausmacht. Quasi ein echtes Vademekum im ursprünglichen Sinne und damit sogar ohne Konkurrenz für ausführlichere Haiku-Ratgeber. Somit rundum eine erfreuliche, empfehlenswerte Lektüre und eine nur zu beglückwünschende Publikation des neuen Haiku-Verlags in seiner Startphase!

Moritz W. Lange

Die Bewahrung des Haiku als Kunstform im Zwanzigsten Jahrhundert durch Takahama Kyoshi (1874–1959)

Finn Harder: Die Bewahrung des Haiku als Kunstform im Zwanzigsten Jahrhundert durch Takahama Kyoshi (1874–1959). Berlin: Lit Verlag Dr. W. Hopf, 2020. [= Bunka-Wenhua. Tübinger Ostasiatische Forschungen Bd. 20.]

> Wie zwei Kreisel, sich
> treffen und dann abprallend, so
> sind wir gewesen.

Dieses Haiku schrieb Takahama Kyoshi zum Tod von Kawahigashi Hekigotō. Der war nicht nur sein literarischer Widerpart gewesen. Gemeinsam hatten sie das geistige Erbe ihres Lehrers und letzten der vier größten Haiku-Dichter, Masaoka Shiki, angetreten. Kawahigashi Hekigotō vertrat dabei, vereinfacht gesagt, das Haiku in freier Form, Takahama Kyoshi vertrat das Haiku in traditioneller Form. Die Bedeutung Takahama Kyoshis kann man u. a. daran ablesen, dass sehr viele bedeutende Haiku-Dichter des 20. Jahrhunderts, gerade auch solche der freien Form, durch Kyoshis Schule gegangen sind.

Informationen zu Kyoshi sind im deutschsprachigen Raum allerdings nicht ganz leicht zu finden. Nun hat der Japanologe Finn Harder im letzten Jahr eine große Monografie zu Takahama Kyoshi vorgelegt. Weil das Buch im Wissenschaftsbetrieb erschienen ist, muss man eines gleich vorwegsagen: Es ist ausgesprochen gut geschrieben und sehr angenehm zu lesen. Gerade Letzteres ist im akademischen Bereich ja beileibe keine Selbstverständlichkeit. Harder widmet sich Kyoshis Leben und Werk in zwei großen Themensträngen. In der ersten Hälfte seines Buches zeichnet Harder den chronologischen Verlauf von Takahama Kyoshis Leben und die Entwicklung seines Werkes nach. Die zweite Hälfte steht unter der Überschrift „Kyoshis Haiku-Verständnis systematisch betrachtet". Hier findet sich, gerade auch für praktizierende *haijin,* eine Fülle von Material. Zum Beispiel wird genauer dargelegt, was Kyoshi unter seinem berühmten (und oft fehlgedeuteten) Satz „Singen von Blüten und Vögeln "wirklich verstanden hat. Auch grundlegende Aspekte des Haiku – wie die Jahreszeitenthematik, die Siebzehnsilbigkeit und die Frage nach der Nationalität des Haiku – werden in jeweils eigenen Kapiteln behandelt.

In Deutschland vielleicht mehr als anderswo stellt sich bei einer solchen Biografie implizit auch immer die Frage nach der Tätigkeit eines Dichters im Zweiten Weltkrieg; wir kennen entsprechende Diskussionen beispielsweise zu Ezra Pound und Gottfried Benn. Auch die Frage nach Kyoshis Rolle im Zweiten Weltkrieg bleibt im vorliegenden Werk nicht unerwähnt. Hier gelingt es Harder zu zeigen, dass Takahama Kyoshi nicht nur wenig mehr als ein Aushängeschild gewesen sein dürfte – seine Texte im Krieg grenzten teilweise schon an Subversivität. Alles in allem hat Harder ein Buch vorgelegt, das jede Büchersammlung zum Thema Haiku in höchstem Maße bereichert.

Sylvia Bacher

**Traude Veran: BEOBACHTUNGEN VON GEGENÜBER.
Phorusgasse 8. Geschichte einer Baustelle.**

Österreichische Haiku Gesellschaft, Wien 2020, 107 Seiten, Ringbindung.
ISBN 978-3-9504782-3-5. – Anfragen bitte an die ÖHG.

Es ist Traude Veran zu danken, dass wieder ein Stück Wiener Geschichte vor dem Vergessen bewahrt wird. Sie wusste die durch das Corona-Virus erzwungene Ruhephase, ihren Möglichkeiten entsprechend, sinnvoll zu nutzen: Sie notierte in der Zeit zwischen Juli 2019 und September 2020 tagebuchgetreu die wichtigsten Phasen eines Haus-Abbruchs, den sie von ihrem Fenster im 7. Stock eines Senioren-Wohnhauses in Wien beobachten konnte, sowie die anschließende Errichtung eines Neubaus.

Es wäre nicht Traude Veran, wenn sie es dabei belassen hätte. Mit ihrer unstillbaren Neugier hat sie sich auf die Suche nach der Geschichte dieses alten Hauses gemacht und wurde in reichem Maße fündig.

Das Buch ist in vier Abschnitte gegliedert:

Im ersten Abschnitt, „Geschichte des Hauses und seiner Besitzer", erzählt sie die Geschichte des Hauses und seiner nächsten Umgebung, in der auch das Pensionistenheim „Haus Wieden" steht. Eine Geschichte, die von mehrmaligem Besitzerwechsel geprägt ist, hier ist vor allem die Familie Hacker zu nennen, die Silber- und Alpacca-Waren im Stil der Zeit herstellte. Später siedelte sich in den Räumlichkeiten ein High-Tech-Unternehmen an, das in den Räumlichkeiten ein Start-up Center gründete. Die dort entwickelten Projekte liefen mit dem Abriss des Gebäudes aus. Im Neubau entstand jedoch eine den modernen Anforderungen entsprechende Neuauflage dieses Gründerzentrums.

Im zweiten und umfangreichsten Abschnitt, „ein Haus verabschiedet sich", schildert Traude Veran ihre zwei Monate andauernden Beobachtungen zu dem aufwändigen und lärmintensiven Abriss, ausführlich, spannend und mit Humor oder auch Selbstironie gewürzt. Und mit viel Staub!

Zahlreiche vorwiegend farbige Fotografien veranschaulichen die geschichtlichen und dokumentarischen Aufzeichnungen der ersten beiden Abschnitte.

Der dritte Abschnitt, „Neubau 2019/20", befasst sich mit der Errichtung des Neubaus: anderer Bauherr – anderer Stil.

Mit dem vierten Abschnitt, „Abschluss und Baustellenlyrik", hat Traude Veran dem Buch einen literarischen Touch verpasst: Mit Haiku, auch einem Tanka, und Haibun zum Thema, also der japanischen Lyrik („von der sie etwas versteht") nahestehenden Texten, lässt sie die Ereignisse nachklingen …

Ein Anhang mit Literaturverzeichnis, Bildnachweis und einer Autoren-Kurzbiografie ergänzt die Ausführungen.

Ein außergewöhnliches Buch, erzählt aus einer außergewöhnlichen Perspektive, das nicht nur für Wiener oder Österreicher interessant sein sollte.

Thomas Opfermann

Japan-Glossar 2.0

Japan-Glossar 2.0 von Klaus-Dieter Böhm, 835 Seiten, Reichert Verlag, Wiesbaden 2021. ISBN 978-3-95490-531-7

Gewichtig kommt es daher, das „Japan-Glossar 2.0" aus der Feder von Klaus-Dieter Böhm. Und das in zweierlei Hinsicht, zum einen dem Umfang von 835 Seiten geschuldet, zum anderen den Inhalten und deren Aufbereitung. Konzeptionell handelt es sich um eine Kombination aus Lexikon und Wörterbuch, welches mannigfaltige Informationen zur Landeskunde Japans liefert. Alleine das Sach- und Personenregister listet an die 4.000 Begriffe bzw. 500 Namen auf. Begriffe sind dabei sowohl in lateinischer als auch in japanischer Schrift wiedergegeben. Viele Stichpunkte sind ausführlich mit kulturellen Hintergrundaspekten erläutert, sodass das Gesamtwerk eine wertvolle Informationsquelle über Japan und damit auch bei der Erschließung japanischer Haiku darstellt. Die behandelten Themen sind umfangreich, reichen von Alltag, Erdkunde, Geschichte, Kultur, Medien, Quellenwerken, Religion bis hin zu Sprache und Schrift. Die teils ausführlichen, gut zu verstehenden Erklärungen laden neben dem konkreten Nachschlagen einzelner Begriffe auch zum generellen „Stöbern" ein. Das Durchblättern birgt das Potenzial, an der einen oder anderen Stelle länger zu verweilen und auf Entdeckungsreise in die uns teils doch so fremd erscheinende kulturelle Welt Japans einzutauchen und die Zeit zu vergessen. Ein insgesamt empfehlenswertes Buch, sowohl als Nachschlagewerk als auch um darin schmökern …

Thomas Opfermann

Noch schläft der Igel unterm Reisighaufen

Noch schläft der Igel unterm Reisighaufen von Gisela K. Wolf, 84 Seiten, Rotkiefer Verlag, Berlin 2021. ISBN 978-3-949029-06-6

„Noch schläft der Igel unterm Reisighaufen", so verkündet es Gisela K. Wolfs Haiku-Sammlung aus dem noch jungen Rotkiefer Verlag. Das gebundene Büchlein in dezenter, ansprechender grafischer Gestaltung erweckt einen wertigen Eindruck und lädt den Leser zu einer Reise durch das Jahr ein, so der Buchrückentext.

Eingeführt durch ein Vorwort von Peter Rudolf versammelt dieser Band Haiku der Schweizer Autorin und Künstlerin, in klassischer Form nach Jahreszeiten sortiert. Die Haiku selber folgen dabei ebenfalls den traditionellen Haiku-Elementen. So wird überwiegend die 5-7-5-Silbenverteilung verwendet, mit vereinzelten Abweichungen sowohl in kürzere als auch längere Zeilen. Die Autorin lässt den Leser mit Naturbeobachtungen an ihren Erlebnissen teilhaben, zumeist unter Verwendung entsprechender Jahreszeitenwörter, z. B.

> Am Himmel tanzend
> ein Drachen und viele Vögel
> ohne Halteschnur (S. 45).

Die Darstellung der einzelnen Haiku erfolgt luftig gesetzt, eins pro Seite, was dem jeweiligen Haiku Raum zur Entfaltung ermöglicht. Sparsam verwendete Tuschzeichnungen der Künstlerin illustrieren die Haiku-Sammlung ansprechend, ohne dabei aufdringlich zu wirken oder gar eine Interpretation des Haiku vorwegzunehmen.

Lediglich die beiden Kapitel-Einführungsseiten der Jahreszeiten Sommer und Winter kommen mit ihrer grafischen Illustration im Vergleich zu den beiden anderen Jahreszeiten bzw. der gesamten Aufmachung einerseits etwas überfrachtet und unruhig daher, andererseits stellen sie einen

Kontrast dar, wirken etwas „moderner"; etwas Gegensätzliches, ein Kontrast, ein Stilmittel, das auch ein Haiku oftmals aufweist. Insofern ein Element, dass jeder Leser für sich bewerten muss.

Ein insgesamt ansprechendes, lesenswertes Werk für die beschaulichen Tage um den Jahreswechsel:

Am Neujahrsmorgen
Kaffeeduft und Kuchenbrot
ein Schneemann schaut herein (S. 81)

Gabriele Hartmann

stille sturm und rote düfte – Haiku 2020 von Ralph Günther Mohnnau

Haiku sind klein. Vorliegend 6,5 Zentimeter. Hoch. Der Stapel, bestehend aus 10 Bänden Haiku 2020 von Ralph Günther Mohnnau. Der Umschlag: leuchtend dottergelber Karton, Japanbindung mit Fäden, rot wie Blut. Die Texte in schwarzer Schrift – Maiandra GD – auf Werkdruckpapier, dessen Farbe *Champagner* assoziiert. Direkt zu bestellen bei Ralph Günther Mohnnau, gph@philipps-law.de.

Die Titel der Hefte im Format 18 x 29 cm lassen unter der Gesamtüberschrift „stille sturm und rote düfte" ein breites Spektrum erahnen: „gelbe tanzschuhe, luftspiegelungen, blau tropft vom himmel, casablanca café, der tag hat zwei augen, altes telefonbuch, ein koffer in berlin, die schöne fremde, nachtzug nach lissabon, streuobst."
Blättert man hinein in RGMs Haiku 2020, entdeckt man ihn selbst: einen für visuelle Reize offenen Mann, der aufmerksam seine Umwelt beobachtet, subtile Signale registriert, Erinnerungen assoziiert und mit seiner tiefen Sehnsucht nach Sinnlichkeit und Erotik den Augenblick auskostet.

Nein, Ihre Sehnsucht, diese überwiegend erotischen Haiku hautnah kennenzulernen, müssen Sie schon selbst stillen, indem Sie hineinblättern in diesen Schatz aus Tausendundeinenacht. Ich beschränke mich zunächst darauf, Ihren ungezügelten Appetit mit einer Kostprobe anzuheizen:

ihr erster kuss – oh ja
lacht sie – viele erste küsse
habe sie gehabt

Jeweils drei Haiku pro Band habe ich herausgesucht, um einen repräsentativen Einblick zu gewähren:

1. gelbe tanzschuhe

mein tagebuch
all das was ich nicht
sagen will

tiefgarage die
frau am frauenparkplatz
schaut sich dreimal um

die streiterei
zu ende – das schweigen
streitet weiter

2. luftspiegelungen

das war mal ein fluss
sagt sie und zeigt auf
die wolke

stromausfall
über den straßenlaternen
plötzlich stern

der blinde pfarrer
mit seinem blick
schon im himmel

3. blau tropft von himmel

sonnwendfeier
ich dreh sie
auf den rücken

sie geht nimmt mit sich
maiglöckchenduft und
einen hunderter

in den straßen
wilde schießerei
es wird regnen

4. casablanca café

wüster streit
mit der axt hacke ich
das klavier in stücke

die ampel rot
doch mein schatten
geht einfach weiter

wär's winter wär's schnee
doch frühling ist's und
pflaumenblüten sind's

5. der tag hat zwei augen

banküberfall
auf der überwachungskamera
der räuber und ich

der streifenwagen
fährt langsam vorbei
mustert die huren

u-bahnausgang
der geruch von menschen
dringt an die sonne

6. altes telefonbuch

frauengefängnis
hinter türschlitzen
gierige blicke

vor dem haus
der sperrmüll – alles was
einmal war

zen meditation
der meister sitzt sechs stunden
vor der weißen wand

7. ein koffer in berlin

elterngrab
die freie fläche
für mich

deutschstunde
der lehrer erzählt von
paris

die fliege in
meinem schlafzimmer
sie schläft mit mir ein

8 die schöne fremde

billige absteige
in blinden spiegeln alle
die sich hier liebten

im shinkansen
der fuji im nebel – vielleicht
gibt es ihn gar nicht

altes klassenfoto
der hinten rechts mit fliege
der war ich

9. nachtzug nach lissabon

nach dem kuss
in meinem mund noch
dein atem

ein selfie von mir
und ihr und dem schwarzen
raben auf dem dach

dichter schneefall
der himmel besucht
die erde

10 *streuobst*

ich knipse das licht aus
unser beider schatten
nie gewesen

da ist er wieder
der tod bei nacht –
erzählt mir von drüben

meine frühen
liebesgedichte ersteigert – noch
immer derselbe rausch

Da sind Sie aber froh, dass ich mein Wort gebrochen habe: Ich wollte sie Ihnen dann doch nicht ganz vorenthalten: Küsse und Umarmungen, Sehnsucht und Erfüllung.

Was RGMs Haiku in meinen Augen besonders gut tut: Er hat sie befreit vom 17-Silben-Zwang zugunsten eines geschmeidigen Klangs. Habe ich noch etwas vergessen? Ja! Die Bände – RGM nennt sie selbst „Dokumentation" sind gegliedert und garniert mittels farbigem Seidelbastpapier und Petra Lorenz' Grafiken, die auch die Cover schmücken. Jedem Band vorangestellt ist ein Blatt mit handschriftlichen Notizen. „Ah – so entsteht seine Sammlung also: Er schreibt, wo er geht und steht!" Wer es genau wissen will, findet entsprechende Erläuterungen, biografische Angaben und sein Foto am Ende der Bände. Dort lesen wir auch, dass es seit 2006 bereits 16 derartige Sammlungen gibt. Wer sie alle sein Eigen nennen will, sollte schnell zugreifen.

wilde Rosen
mit jedem Wort stechen wir
tiefer

Haiga: Gabriele Hartmann

Gabriele Hartmann

BASHŌS KLEINER FREUND

Traude Veran, Gedanken & Haiku zum Froschgedicht
Softcover, 12,5 x 19 cm, 64 Seiten, 2021, Rotkiefer Verlag, ISBN 978-3-949029-09-7

Mehr als zwanzig Bücher von Traude Veran füllen ein halbes Regalfach meiner Bibliothek. Ja, ich bin ihr Fan: Ihre prägnante Sprache, ihr heißes Herz, ihr kritischer Blick, ihr wohl dosierter Sarkasmus, ihre verhaltene Leidenschaft, ihr charismatischer Blick, ihre sprühenden Geistesblitze nehmen für sie ein. Bereits die Titel ihrer Bücher machen neugierig: EFEUBLÜTEN, DIGITAL, LETTERNFILTER, VERTRACKTE KONTAKTE, UNART … und nun BASHŌS KLEINER FREUND. Wer kennt ihn nicht, den Protagonisten des vielleicht berühmtesten Haiku der Welt?

Vor fast einem Vierteljahrhundert hörte ich die Worte vom alten Teich, einem Frosch, der hineinspringt und dem Klang, den er hierbei im Wasser erzeugt, zum ersten Mal – und seither hat mich das, was man Haiku nennt, nicht mehr losgelassen. Traude Veran – die Belesene, die Gebildete, die Promovierte, die Eloquente ist ihm schon früher begegnet (am 12. Mai 1955) – da war ich noch gar nicht geboren – und erinnert sich noch so gut daran, weil sie an diesem Tag ihren späteren Mann kennenlernte. Dies bleibt nicht das einzige Geheimnis, das sie auf den matt schimmernden Seiten des handlichen Büchleins lüftet.

Natürlich ist ihre uns hier präsentierte Sammlung von Frosch-Haiku nicht vollständig – räumt sie doch ein, allein über 200 Zusendungen hierfür erhalten zu haben:

Ventilatorsurren …
der Notizblock voll
mit Fröschen
    Claudia Brefeld

– aber repräsentativ, wenn man das breit gefächerte Inhaltsverzeichnis analysiert. Und es kommen vor allem die Haijin zu Wort – Traude Veran tritt bescheiden zurück, verzichtet weitgehend auf glamouröse Analysen, beleuchtet die breite Bühne mit einem Laserpointer.

Geschickt verwebt sie den historischen Kontext mit philosophischen Betrachtungen, Übersetzungen, Wiedergaben, Nachdichtungen, Bearbeitungen, Variationen, Parodien, Erlebnissen, Gedanken, österreichischen Dialekten, Bildender Kunst und sogar einem Ausflug auf den Planeten Merkur.

In unserem Garten gibt es auch einen Teich. Er ist winzig, nicht gerade alt. Aber manchmal hören wir – verborgen hinter Schilf und allerhand Lilien – dieses Geräusch … und wissen, was es bedeutet. Dann schleichen wir uns an und warten, bis er wieder auftaucht – der Grüne. Sie wissen doch, dass auch ich meinen Mann über das Haiku kennenlernte? Und das ist nicht das einzige Geheimnis, das Traude Veran und mich miteinander verbindet.

der alte Dichter
am Froschteich sitzend
lächelnd
    Traude Veran

Rüdiger Jung

Winterlinge – Gedankenflocken

Georges Hartmann: Winterlinge – Gedankenflocken.
bon-say-verlag. 2021. 88 Seiten. ISBN 978-3-945890-45-5. Bestellung an info@bon-say.de

„Schockgefrostet" erleben wir den Autor – noch in der Erinnerung an Erika Schwalms eindringliche Frage: „Hast du das Winterthema fürs nächste Haiku-Seminar schon auf die Reihe gebracht?" (S. 7) und begleiten ihn, wo er sich bereits im Juli seine Gedanken macht. Dieser saisonale Anachronismus steckt voller Komik, was sage ich, Witz, Geist, Esprit. Gut, wenn dann – geradezu aus dem Nichts – ein Gesprächspartner auftaucht, der – als wüsste er, worum es geht – Bauernregeln und Naturphänomene des hohen Sommers bereits auf den Winter hin auslegt. Und damit die Spur fortsetzt, die ein Proviant sammelndes und versteckendes Eichhörnchen bereits gelegt hat. Georges selbst beackert daraufhin den großen Schatz literarischer „Wintermärchen" und lotet das Wortfeld der „Kälte" aus (kaltlächelnd, kaltstellen, kaltmachen, Kaltpressung, Kaltschale, Kaltstart) – S. 20 f. Stets eingedenk: „Der Winter ist halt kein Thema, das sich beliebig mit irgendwelchen Mätzchen in den Griff bekommen lässt"! (S. 16 f.)

Hinzu kommt der Klimawandel, der zwischen erinnertem und gegenwärtigem Winter eine Kluft auftut: „Mein Winterbild mischt die aus Kindertagen zurückgebliebenen Erinnerungsfetzen mit den Motiven jener Schwarzweißfotos, auf denen die Winter noch als wirkliche Winter zu erkennen sind" (S. 23). Und schon sind wir mitten drin: Haiku – fremde und eigene – werden zitiert und (an-)gedeutet; Georges Hartmanns Seminar beschreitet den lohnendsten aller Wege, jenen der Fragen, die dem eigenen Leben und Lesen des Seminarteilnehmers und/oder „Winterlinge"-Lesers genau jenen Raum lassen, den ein Haiku braucht, um anzukommen, um zu landen. Eine eingehende und ausführliche Deutung erfährt ein Haiku Udo Wenzels (S. 28; der „Versuch einer Interpretation" S. 28 bis 36):

Schneetreiben –
das Tor zum Kloster
wird geschlossen

Gelungen ist diese ausführlichste Auseinandersetzung mit einem Einzel-
text nicht zuletzt deswegen, weil der Deutende immer neu Anlauf nimmt
und dabei mögliche Grundannahmen, die der Text offen lässt, variiert
(Kloster auf dem Land oder in der Stadt; Zeitpunkt mitten am Tag oder
mitten in der Nacht). Der Interpretierende geht im Vollbesitz der eigenen
Subjektivität an die Sache, lässt gerade dadurch dem Leser die Möglichkeit,
sich seiner Deutung anzuschließen oder aber eine ganz eigene, differie-
rende zu wagen.

Ebenso wie er diesem Haiku begegnet, begegnet der Autor dem Phä-
nomen des Winters, nimmt mehrere Anläufe, greift verschiedene Aspekte
heraus: die Initialzündung des Winters mit den ersten Schneeflocken, das
„Menscheln" in der kalten Jahreszeit, den Festkalender (Advent, Weih-
nachten, Jahreswende, Karneval), schließlich den Wintersport, der seine
eigene Olympiade kennt.

Den „Schlussakkord" setzen eigene Haiku Georges Hartmanns und ein
Haibun, das sich kaum anders als mit „funkensprühend" würdigen lässt –
das reinste Feuerwerk! Eine begrenzte Zahl sorgfältig ausgewählter Texte
in den Blick nehmend und es den Wirkkräften unermüdlichen Fragens
aussetzend – so kann ein Haiku-Seminar wahrhaft gelingen! Gerade weil
der Autor solche Sorgfalt in die Auswahl fremder und eigener Texte gelegt
hat, möchte ich einen Teil davon abschließend zitieren:

Den Weg verloren.
Grenzenlos
der Acker im Schnee
   Arno Herrmann (S. 26)

Plötzlich verstummt
das Klavier nebenan.
Der Schnee
    Hubertus Thum (S. 40)

Schnee fällt
leise und leiser
die Vögel
    Horst-Oliver Buchholz (S. 40)

erster schnee
den ganzen morgen
kein wort
    Hubertus Thum (S. 46)

Draußen schneit's wieder.
Er liest die Unterschriften
auf dem Gipsbein
    Georges Hartmann (S. 46)

Durch den Nadelwald
fressen sich Motorsägen
fürs heilige Fest
    Georges Hartmann, (S. 61)

Werkstattgespräch mit Ralph Günther Mohnnau

Was war der Grund, der Sie bewegte, Haiku über Corona zu schreiben?

RGM: Ausschlaggebend für meine Beschäftigung mit dem Coronavirus ist der Umstand, dass er global auftritt, quer durch alle Gesellschaftsschichten geht und die Menschen existenziell beeinträchtigt, namentlich was das Miteinander betrifft. Überrascht hat mich, als ich in der Zeitung las, dass die Affen im Zoo die Menschen vermissen. Wie das? Sollten nicht nur die Menschen die Affen bestaunen, sondern die Affen überraschend auch die Menschen vermissen? Dieser Frage bin ich nachgegangen, sie hat schließlich dazu geführt, sie in den verschiedensten Schattierungen in die Form eines Haiku zu fassen.

Eine Pandemie wie Corona ist ein großes Phänomen, das, wie gesagt, die ganze Welt erfasst. Wie kann das einen angemessenen poetischen Ausdruck finden in einem kleinen Sprachraum eines Haiku?

RGM: Gerade, weil es ein weltweit auftretendes Phänomen ist und alle Menschen betrifft, kann es durch die Versform eines Haiku sehr gut beschrieben werden. Ist doch die Form eines Haiku gerade durch seine Kürze, die schnörkellose, ja asketische Sprache und das unmittelbar nacherlebbare Erlebnis leicht von jedermann nachzuvollziehen. Daher auch sein unglaublicher Siegeszug durch die Welt. Der größte japanische Exportschlager.

Unter dem Eindruck der Pandemie hat sich vielfach ein Perspektivwechsel vollzogen. War dieser Perspektivwechsel eine wesentliche Quelle ihrer Inspiration?

RGM: Nicht nur der Perspektivwechsel hat mich umgetrieben, auch mein ganz persönliches Erleben mit dem Virus hat mich geprägt. So z. B. die traurige Tatsache, dass mir Menschen auf dem Gehweg ausweichen, dass Menschen mich im Aufzug, in Geschäften oder in der U-Bahn meiden, auf Abstand halten. Dass überhaupt eine Art *cordon sanitaire* mich zu umgeben scheint. Eine unschöne Erfahrung.

Sind die Haiku spontan entstanden oder das Ergebnis eines längeren Prozesses?

RGM: Sie sind aus einem unmittelbaren Erlebnis oder einer Eingebung geboren, stellten sich quasi wie von selbst ein. Einen längeren Prozess hat es nicht gegeben.

Was hat Sie an der Corona-Pandemie sonst noch gestört?

RGM: Ein wesentlicher und bedrückender Eindruck ist, dass die Menschen gezwungen sind, Masken zu tragen. Und zwar in doppelter Hinsicht: zunächst einfach die Tatsache, dass durch die Maske signalisiert wird, „komm mir nicht zu nahe". Sodann ist es die Angst, von dem Gegenüber mit dem Virus angesteckt zu werden, was insgesamt eine Atmosphäre des gegenseitigen Misstrauens, ja der Abneigung schafft. Und was auch kriminell ausarten kann. Wie im Beispiel des jungen Tankstellenwärters in Idar-Oberstein, der von einem Kunden schlichtweg nur deswegen erschossen wurde, weil er diesen aufforderte, eine Maske aufzusetzen.

Nicht zu fassen. Auch sonst ist ja die Riege der sogenannten Querdenker und Maskenverweigerer sehr hoch.

RGM: Was umso unverständlicher ist, als mehr als 90% der Impfverweigerer in Krankenhäusern landen oder gestorben sind. Fast eine masochistische Haltung, die Liebe zum Abgrund, aber ohne Flügel (Nietzsche). Wobei ebenso unerfreulich wie unverständlich ist, dass sich um die Impfverweigerer eine diffuse Gruppe von nicht nur Querdenkern versammelt hat, sondern auch viele, die die politische Gesellschaft ablehnen oder sogar bekämpfen. Ein Sammelbecken, so scheint es, aller Unzufriedenen hat sich da zu einem gefährlichen Gebräu verbunden.

Was ist Ihnen sonst noch aufgefallen?

RGM: Aufgefallen ist mir insbesondere nicht nur das ängstliche Miteinander, das bis in den Familien- und Freundeskreis reicht, sondern auch eine innere Angespanntheit und Unruhe. Die Menschen sind nicht frei, fühlen sich irgendwie unwohl, ja bedroht, rasten oft sogar aus. Es ist eine bisher nicht erlebte existenzielle Gefährdung durch ein unheimliches Virus, das die Menschen das Fürchten lehrt. Und das nicht zufällig dazu geführt hat, dass die Menschen sich wieder mit der „Pest" von Albert Camus beschäftigen.

Gibt es gar nichts Erfreuliches in Sachen Corona zu berichten?

RGM: Eher Kurioses. So z. B., dass die Notwendigkeit, eine Maske zu tragen zu den wunderlichsten Ergebnissen führt. So gibt es Masken in allen Farben, Formen und Ausfertigungen. Auch werden Botschaften hierdurch vermittelt, wie etwa durch Masken in Regenbogenfarben. Oder durch solche, die politische Botschaften vermitteln wollen, wie Masken mit Aufdrucken von Gefängnisgittern, Stacheldraht oder folkloristisch motiviert sind, wie bayerisches Blau-Weiß oder Vereinsinsignien. Auch eine Maske mit aufgedrucktem Kussmund habe ich entdeckt, auch eine Maske mit aufgestickten Rosenblüten, mit Tigerfell oder krabbelnden Maikäfern. Sogar eine Luxusausführung in rosa Pailletten gibt es.

Das scheint doch eine Art makabrer Humor zu sein?

RGM: Nicht nur das. Masken verbergen, weisen ab und können doch gleichzeitig entlarvend sein. Sie verfremden, verwandeln, verzaubern, verstecken, was sich hinter ihnen verbirgt. Doch gerade hinter diesem Verstecken offenbart sich ein Entblößen, ein „Entbergen", um mit Martin Heidegger zu sprechen. Und noch etwas Sonderbares: Die Masken vereinen in der Bedrohung durch das Virus die Menschen auf eine rätselhafte Weise, gleichgültig welcher Gesellschaftsschicht oder welchem kulturellen Hintergrund sie angehören. Sie sind allesamt Reisende auf einem gefährdeten Boot namens Erde.

Sie schreiben auf Deutsch, dann werden Ihre Haiku ins Englische und Japanische übertragen. Verstehen Sie diese Übertragungen als eigenständige Werke?

RGM: Nicht unbedingt. Ich überlasse jedoch den Übersetzern, die mir im Übrigen allesamt bekannt oder sogar mit mir befreundet sind, die Freiheit, das dargestellte Erlebnis in den eigenen Sprach- und Kulturkreis zu übernehmen ohne besondere Vorgaben. Übersetzen heißt im ursprünglichen Sinne des Wortes ja: über-setzen, das heißt, von einem bekannten zu einem anderen Ufer „übersetzen". Was womöglich eine uns unbekannte Kultur aufweist und Dinge und Haltungen nicht kennt oder verfremdet, die uns vertraut sind. Hier gilt: Nicht die Form bestimmt den Inhalt, sondern umgekehrt.

Wie verbindlich ist für Sie das klassische japanische Vorbild eines Haiku?

RGM: Ehrlich gesagt – ich bin da in einem Zwiespalt. Zum einen fühle ich mich durchaus der japanischen Haiku-Klassik verbunden. Zum anderen fühle ich mich aber durch dessen Gesetzmäßigkeit in meiner schöpferischen Freiheit eingeengt. Die feste Form von 17 (5-7-5) Silben stört mich in vielen Fällen als „Haijin". Ebenso wenig fühle ich mich dem Jahreszeitenwort (Kigo) verpflichtet, und auch mit dem Schneidewort (Kireji) kann ich mich nicht anfreunden, das ja bekanntlich den Vers „zerschneidet". Der leeren Raum, der es bedeutet, der „Verschweigen", etwas „Unsagbares" in das Haiku hineinbringt, ist mir fremd.

Ihre Bücher sind sämtlich von Hand gefertigt und gebunden, sind auf feinem Büttenvorsatzpapier gedruckt, illustriert und die Haiku in verschiedenen Schriftarten gesetzt. Was ist Ihnen da wichtig?

RGM: Diese Ausgestaltung meiner auch sonst veröffentlichten Haiku verkörpert meine besondere *Haiku-Mania*, d. h. meine Liebe zur japanischen Versform des Haiku. Mir war und ist es daher wichtig, diese Bedeutung für mich auch durch die äußere Gestaltung auszudrücken.

Unabhängig von Ihrem jüngsten Buch: Was macht ein gutes Haiku für Sie aus?

RGM: Es ist das Ergebnis einer sensiblen Erfassung alles Menschlichen in seiner mich faszinierenden Erscheinung und Vielfalt. Und dass diese Sensibilisierung nicht verkopft oder akademisch verbrämt daherkommt, sondern in anspruchsloser, unaufdringlicher, ja asketischer Einfachheit. Oder wie es Bashō einmal ausdrückte, mit dem Empfinden eines Kindes. Im Deutschen hat das diese Haltung Joseph von Eichendorff sehr schön ausgedrückt, wenn er sagt: „Es schläft ein Lied in allen Dingen."
Dieses Lied wird in einem japanischen Haiku zum Klingen gebracht.

Wie sehen Sie die Zukunft des Haiku?

RGM: Das Haiku gleicht, wenn ich es so sagen darf, einem Lebewesen. Das wächst, sich verändert, chamäleonhaft eine neue Gestalt annimmt und sich nicht dauerhaft in Ketten legen lässt. Schon in Japan ist, bei allem Respekt vor der klassischen Schule, das „moderne Haiku" frei von allen Zwängen und Gesetzen. Taneda Santoka hat sogar „Haiku" mit nur einer einzigen Silbe geschrieben. Und was die westliche Auffassung eines Haiku betrifft, so sind wir auf dem besten Wege, es in eine neue Dimension und Bereicherung der japanischen Verskunst zu befördern.

Ralph Günther Mohnnau, Jahrgang 1937, lebt in Frankfurt am Main. Er ist literarisch vielfältig tätig. Seine Werke können abgerufen werden in der Deutschen Nationalbibliothek unter www.dnb.de, Stichwort „Mohnnau" oder über www.mohnnau-art.eu. Seine besondere Liebe gilt dem japanischen Kunstvers des Haiku, wie auch des Haibun, die er seit Anfang des Jahrhunderts in großer Anzahl veröffentlich hat.

Transsib

nach dir

das weite Land

Haiga: Christof Blumentrath

Berichte

Volker Friebel

Preis der Netzpräsenz Haiku heute

Im Sommer 2021 schrieb Haiku heute zum dritten Mal einen Haiku-Preis aus. Materielles war nicht zu gewinnen, doch für die ersten drei Plätze ein Zertifikat sowie für alle Ausgewählten Ruhm und Ehre. Hier sind die best-bepunkteten Texte:

Platz 1

erstes Enkelkind
ich blicke in die Augen
meiner Großmutter

    Hildegard Dohrendorf

Platz 2

Abschied
die Amsel bricht
unser Schweigen

    Eleonore Nickolay

Platz 3

Sommerabend
nur die Amsel
und sein Beatmungsgerät

    Martin Berner

Plätze 4 bis 10 (der 10. Platz ist doppelt besetzt)

homeschooling –
die abgeknickten blätter
der zimmerpflanze.

    Martin Speier

Dauerregen
die endlosen Geschichten
der Wasserspeier

    Frank Dietrich

gewittrige Luft
Wolken türmen sich über
unserem Schweigen

    Benjamin Bläsi

Alte Melodie
über das Meer flutet
Morgenrot

    Marianne Kunz

Großmutter liest
Todesanzeigen – die Hand
im Fell ihrer Katze

    Angelica Seithe

Klassentreffen –
Worte vorbereiten
für die Goldwaage

    Willemina Preiß

Jugendfreundin
wir tragen nicht mehr
die gleichen Kleider

    Christa Beau

Mohnblumenblüte
das zarte Rot
auf deinen Wangen

Hildegard Dohrendorf

Eingegangen waren 144 Texte von 74 Autoren. An der Jury beteiligten sich 17 Haiku-Autoren, die die letzten drei Jahre jeweils mit mindestens drei eigenen Texten im Haiku-Jahrbuch vertreten waren (siehe: www.haiku-heute.de/jahrbuch).

Teilnehmer der Jury konnten eigene Texte einreichen, aber nicht für sie stimmen. Die Haiku lagen ihnen ohne Angabe der Verfasser vor. Die Koordination lag bei Volker Friebel.

Den Preisträgern unsere Glückwünsche, allen anderen, Teilnehmern und Wertern in der Jury, Dank für ihre Mitarbeit!

Mit dem Haiku-Preis soll jedes Jahr auf eine auch für das deutschsprachige Haiku wichtige Person hingewiesen werden.

Dieses dritte Jahr ist der Haiku-Preis Masaoka Shiki (1867–1902) gewidmet, dem letzten großen Reformer des Haiku. Eine Arbeit von Thomas Hemstege mit ausgewählten Haiku Shikis und dem Abriss einer Biografie erschien 2013 und ist im Netz frei einsehbar: https://www.haiku-heute.de/Dateien/Hemstege-Thomas-2013-Masaoka-Shiki-Ausge-waehlte-Haiku.pdf

Eine ausführliche Darstellung Shikis und seiner Zeit: Michael Reck (1968): Masaoka Shiki und seine Haiku-Dichtung. Dissertation aus München, Referent Horst Hammitzsch.

Eleonore Nickolay

Teilnahme der DHG am internationalen Online-Event von EUNIC Japan (European Union Institute for Culture): „Haiku als Brücke zwischen europäischen Sprachen und Japanisch" zum Europäischen Tag der Sprachen am 26. September 2021*

Über das Kontaktformular unserer Webseite „Hallo Haiku" erreichte uns das Angebot, mit einem vierminütigen Vortrag über das Haiku in Deutschland beim Online-Auftritt des Goethe-Instituts von Tokio mitzuwirken. Teilnehmende Länder waren: Bulgarien, Tschechische Republik, Deutschland (vertreten durch das Goethe-Institut Tokio), Ungarn, Irland, Italien, Polen und Portugal. Jedem Land standen 10 Minuten zur Verfügung, um Haiku in seiner eigenen Sprache und in japanischer Übersetzung vorzustellen und die Besonderheiten seiner Sprache zu erläutern.

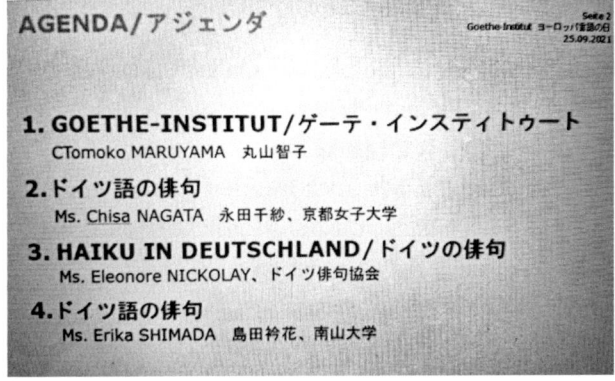

Nach der einleitenden Begrüßung durch Tomoko Maruyama vom Goethe-Institut Tokio stellten neben dem Vortrag von Eleonore Nickolay „Haiku in Deutschland", zwei japanische Deutschlernende und Preisträgerinnen des Deutschen Haiku-Wettbewerbs der Frauenuniversität Kyoto (für Studierende japanischer Universitäten und Oberschulen)** ihre Gewinner-Haiku vor:

Der Klang des Flusses
bringt die Erinnerung an
Großmutters Gesicht
  Chisa Nagata

In der Taifunnacht
wird plötzlich der Raum dunkel.
Nur der Bildschirm glänzt.
  Erika Shimada

Eleonore Nickolay wählte ein Haiku von Andrea D'Alessandro. Hier ihr Online-Vortrag dazu:

Sehr geehrte Damen und Herren,

in Deutschland entdecken immer mehr Menschen das Haiku. Sie versammeln sich, tauschen sich aus und teilen ihre Leidenschaft für das Haiku mit anderen Menschen.

Warum schreiben Deutsche Haiku? Da könnte ich genauso gut fragen: Warum schreiben Menschen Haiku, ganz gleich aus welchem Land, aus welchem Kulturkreis sie stammen?

Das Haiku ist – seit es vor über hundert Jahren außerhalb Japans bekannt wurde – inzwischen durch die Möglichkeiten des Internets im Begriff, zu einem universellen Genre zu werden.

Selbstredend variieren Landschaften, Jahreszeiten, Lebensumstände, aber unsere menschlichen Gefühle und existenziellen Erfahrungen bleiben die gleichen.

Beim Haiku-Schreiben lerne ich, meine Sinne bewusster einzusetzen, erlebe die Natur, die Welt, die mich umgibt, intensiver.

Beim Haiku-Schreiben fühle ich mich lebendig, ja mehr noch, ich fühle mich glücklich!

Wie schreiben Deutsche Haiku?

Hier ein Beispiel:

Kirschblüten!
Auch dieses Wort
hat Oma jetzt verloren

Dieses Haiku von Andrea D'Alessandro, einem Mitglied unserer Deutschen Haiku-Gesellschaft, versetzt uns mit dem Jahreszeitenwort (kigo) „Kirschblüten" in den Frühling, Sinnbild des Neubeginns und auf den Menschen bezogen, Sinnbild für Geburt und Jugend.

Umso betroffener machen uns die darauffolgenden Zeilen, in denen es um genau das Gegenteil geht, nämlich um einen Menschen, der am Ende seines Lebens steht und zudem sein Gedächtnis verliert.

Die Gegenüberstellung der Vergänglichkeit der menschlichen Existenz und der beständigen Wiederkehr des Naturzyklus ist in diesem Haiku sehr gelungen und bewegend dargestellt.

Wie Sie bemerkt haben, ist das Haiku nicht im 5-7-5-Silbenrhythmus verfasst.

Tatsächlich gibt es viele deutsche Haiku-Dichter und -Dichterinnen, die, wenn es sich anbietet, eine noch knappere Form wählen, um ihren Lesern einen größeren Assoziationsraum zu lassen oder – um es mit Matsuo Bashō zu sagen – einen Nachhall (yoin) zu erzeugen.

Diese Haiku-Dichter und -Dichterinnen – und nur über sie kann und möchte ich sprechen – bemühen sich, die klassischen japanischen Haiku-Meister kennenzulernen und die Grundzüge ihrer Lehren zu verstehen, um das Wesen des Haiku zu begreifen.

Für uns ist das Haiku nicht einfach nur eine Gedichtform: Matsuo Bashō sprach zum Beispiel vom Haiku-Geist (haii), Masaoka Shiki vom wahren Gefühl (jikkan) und Kobayashi Issa lehrt uns in seinen Haiku die Liebe zur Natur und seinen noch so winzigen Geschöpfen.

So empfinden wir in Deutschland das Haiku als ein wunderbares Geschenk der japanischen Tradition an die Welt. Danke dafür!

桜花 その言葉さえ 失せし祖母

Das Gif-Bild (Entwurf Stefan Wolfschütz, japanische Übersetzung des Haiku: Emiko Miyashita) wurde während des Vortrags eingeblendet.

*Der 26. September ist der Europäische Tag der Sprachen. Dieser Tag wird seit 2001 gefeiert, um die Vielfalt der europäischen Sprachen, Kulturen und das Bewusstsein für die Bedeutung des Sprachenlernens zu fördern.

**Gisela Doi von der Frauenuniversität Kyoto ist im Veranstaltungsteam des Wettbewerbs, und unter anderen ist Saskia Ishikawa-Franke Mitglied in der internationalen Jury, der zeitweise auch Volker Friebel angehört. Einsehbar sind die sehr lesenswerten Wettbewerbsergebnisse unter: https://deutschehaikukyoto.com

Mitteilungen

Neuveröffentlichungen

1. Traude Veran: „Bashōs kleiner Freund", ihre Gedanken zum berühmten Froschgedicht und über 80 von ihr zusammengetragene Haiku zeitgenössischer Dichter zum Thema; 12 x 19 cm, Paperback, 64 Seiten, ISBN: 978-3-949029-09-7, Rotkiefer Verlag

2. Wolfgang Gründer: Haiku-Heft 03 „Dem Augenblick erliegen" präsentiert einen Querschnitt aus dem Schaffen des Haiku-Dichters, ergänzt durch sumi-e Grafiken der Künstlerin Elina Li, 10,8 x 17 cm, Paperback, 48 Seiten, ISBN: 978-3-949029-10-3, Rotkiefer Verlag

3. Eine neue Edition von Moritz W. Lange
Ich freue mich sehr, an dieser Stelle die Gründung einer neuen Edition bekanntgeben zu können. In der *edition das haiku* sollen ab und zu Texte zum deutschsprachigen und japanischen Haiku veröffentlicht werden. Den Anfang macht eine Anthologie der ersten Haiku, die auf Deutsch geschrieben und in den 1920er Jahren auch abgedruckt worden sind. Weitere Informationen unter www.edition-das-haiku.de

4. Jim Kacian, Terry Ann Carter, Claudia Brefeld (2021): the endangered C. Haiga-Art. Monoku (Jim Kacian), Collagen (Terry Ann Carter), Vorwort und Besprechungen einzelner Werke (Claudia Brefeld). ISBN 978-1-947271-87-6. https://redmoonpress.com/product/the-endangered-c-playing-with-language-typography-space/
Eine einzigartige Kombination aus Haiku, Bild und Kommentar wird in dieser kollaborativen Arbeit vereinigt und führt zu einem neuen Zugang zum Haiga. red moon press, 108 Seiten.

Sonstiges

1. **Ausschreibung Haiku-Jahrbuch 2021**

Das Haiku-Jahrbuch ist der Versuch, ein Gedächtnis des deutsch-sprachigen Haiku aufzubauen. Alle bisher erschienenen Jahrbücher (2003–2020) können unter folgender Adresse kostenfrei herunter-geladen werden: www.haiku-heute.de/jahrbuch

Für das Haiku-Jahrbuch 2021 werden die besten Haiku gesucht, die 2021 entweder geschrieben oder erstmals veröffentlicht wurden, gerne auch in Mundart (zur leichteren Beurteilung bitte mit Übersetzung ins Hochdeutsche). Senden Sie bitte Ihre besten Haiku des Jahres ein (maximal 50).

Die Texte dürfen durchaus bereits an anderer Stelle veröffentlicht sein, Sie müssen aber über die Rechte verfügen. Auch Tan-Renga sind erwünscht, längere Kettengedichte, Tanka oder Haiku-Prosa dagegen nicht.

Bitte fügen Sie noch einige Zeilen zu Ihrer Person hinzu, die, bearbeitet, ins Autorenverzeichnis aufgenommen werden können (Vor- und Nach-name, Geburtsjahr, Wohnort, Tätigkeit, Sonstiges).

Das Jahrbuch wird sowohl als Papierdruck als auch elektronisch veröf-fentlicht. Jeder aufgenommene Autor erhält, soweit er eine E-Mail-Adresse angibt, kostenfrei eine elektronische Datei.

Mit der Einsendung erklären Sie, dass Sie über die Rechte an den ein-gereichten Texten verfügen und mit dem kostenfreien Abdruck im Haiku-Jahrbuch (Papierdruck sowie elektronische Datei) unwiderruf-lich einverstanden sind. Alle weiteren Rechte bleiben bei Ihnen, Sie kön-nen über Ihre Texte also weiterhin frei verfügen.

Einsendungen bitte an: Volker Friebel, Denzenbergstraße 29, 72074 Tübingen (Deutschland), vorzugsweise aber über das Einsendeformu-lar zum Jahrbuch auf www.haiku-heute.de/jahrbuch. Die Einsendefrist endet am 15. Januar 2022. Benachrichtigungen erfolgen über www.haiku-heute.de und über die E-Mail-Adressen der Einsender.

2. Von Freiburg nach Otsu

Ein sehr lesenswertes Gespräch über das Haiku zwischen Saskia Ishikawa-Franke aus Japan und Volker Friebel auf Haiku heute:
https://www.haiku-heute.de/archiv/ishikawa-franke-friebel-von-freiburg-nach-otsu/

Erratum

In Sommergras 134, Seite 66, muss der letzte Satz des Tanka von Christa Wächtler heißen: „nach Omas altem Rezept".

Mentoring

Für das **Haiku- und Haiga-Mentoring** stellt sich Claudia Brefeld zur Verfügung: post@claudiabrefeld.de

Bernadette Duncan bietet **Haiku-Mentoring via Zoom** (Videokonferenz) an. Interessierte wenden sich bitte direkt an bernadette.duncan@outlook.com

Für das **Tanka-Mentoring** stellt sich Tony Böhle zur Verfügung: tonyboehle@web.de

Coverbild

Das Bild für das Cover dieser Ausgabe kommt von Petra Klingl, geb. 1957 in Suhl/Thüringen. Sie lebt in Berlin-Spandau.
Im Vorstand der DHG ist sie als Kassenwartin tätig und für die Mitgliederbetreuung zuständig.
Seit ihrer Jugend schreibt sie Kurzlyrik, und vor etwa 12 Jahren kam die Leidenschaft für das Haiku dazu. Diese sind in einem eigenen Buch: „HAIKU" und in Anthologien veröffentlicht.
Im letzten Jahr gründete sie zusammen mit Stephanie Mattner einen Haiku-Verlag: den Rotkiefer-Verlag – www.rotkiefer-verlag.de

Impressum

Vierteljahresschrift der Deutschen Haiku-Gesellschaft
34. Jahrgang – Dezember 2021 – Nummer 135

Herausgeber:	Vorstand der DHG Tel.: 040/460 95 479 E-Mail: info@deutschehaikugesellschaft.de
Redaktion: **Mitarbeit:**	Horst-Oliver Buchholz, Eleonore Nickolay, Thomas Opfermann Claudia Brefeld
Titelillustration: **Covergestaltung:**	Petra Klingl Stephanie Mattner
Lektorat **Satz und Layout:**	Gabriele Buschmann, Martina Khamphasith Martina Khamphasith

Freie Mitarbeit erwünscht. Ihre Beiträge schicken Sie bitte per

E-Mail an:	Horst-Oliver Buchholz, Eleonore Nickolay, Thomas Opfermann: redaktion@deutschehaikugesellschaft.de
Post an:	Petra Klingl, Wansdorfer Steig 17, 13587 Berlin

Über die Veröffentlichung der Beiträge entscheidet die Redaktion. Die Meinung unserer Autoren muss sich nicht immer mit der Meinung der Redaktion decken. Die Beiträge werden von uns sorgfältig geprüft, für die Richtigkeit, Vollständigkeit und Aktualität der Inhalte, insbesondere der fremdsprachlichen Texte, können wir jedoch keine Gewähr übernehmen.

In der Zeitschrift SOMMERGRAS wird (betrifft Beiträge der Redaktion) die männliche Form stets generisch gebraucht und bezieht folglich die weibliche Form mit ein.

Einsendeschluss
für die Haiku- und Tanka-Auswahl: 15. Januar 2022
Redaktionsschluss: 20. Januar 2022

Jahresabonnement Inland (inkl. Porto) 45 €
Jahresabonnement Ausland (inkl. Porto) 55 €
Einzelheftbezug Inland (inkl. Porto) 12 €
Einzelheftbezug Ausland (inkl. Porto) 14,50 €
Auslandsversand nur auf dem Land-/Seeweg.

Der Mitgliedsbeitrag beträgt 45 € im Jahr und beinhaltet die Lieferung der Zeitschrift (Inland inkl. Porto, Ausland + 10 € Porto).
Die finanzielle Unterstützung der DHG quittieren wir mit Spendenbescheinigungen.